한 권으로 끝내는 역사 버스 시리즈 02

종횡무진 동서양 역사 속을 달리는
세계사 버스

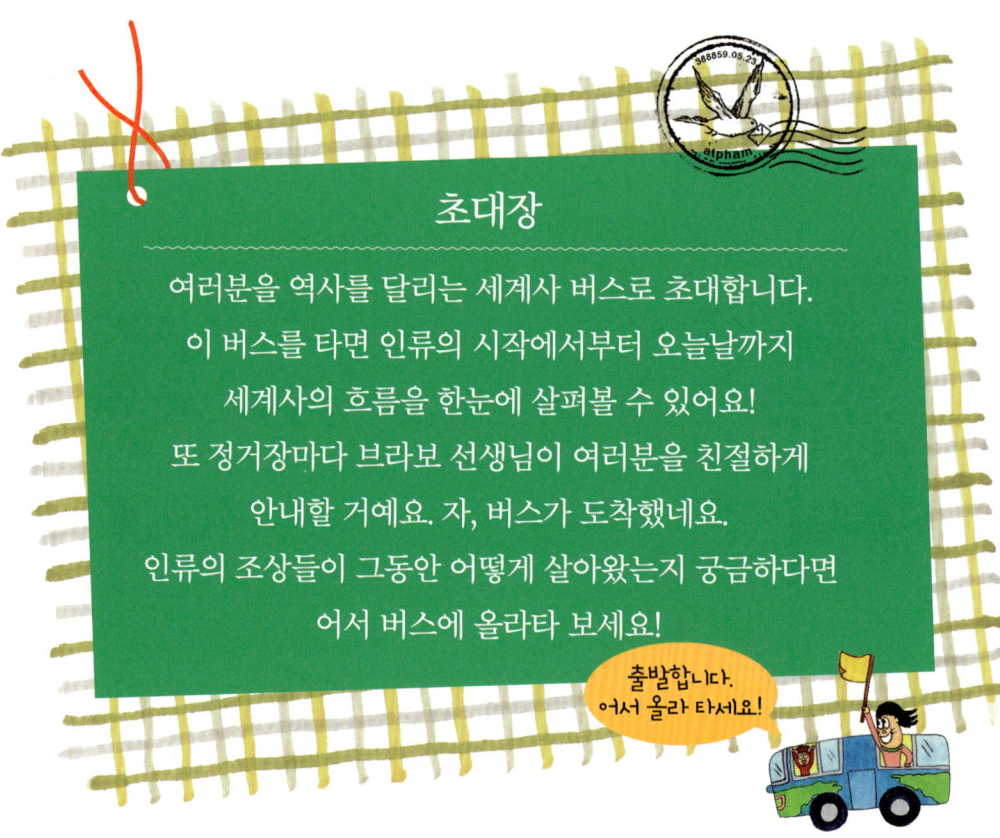

초대장

여러분을 역사를 달리는 세계사 버스로 초대합니다.
이 버스를 타면 인류의 시작에서부터 오늘날까지
세계사의 흐름을 한눈에 살펴볼 수 있어요!
또 정거장마다 브라보 선생님이 여러분을 친절하게
안내할 거예요. 자, 버스가 도착했네요.
인류의 조상들이 그동안 어떻게 살아왔는지 궁금하다면
어서 버스에 올라타 보세요!

출발합니다.
어서 올라 타세요!

종횡무진 동서양 역사 속을 달리는

세계사 버스

이석희 글 · 홍수진 그림 · 구학서 감수

작가의 말

세계사 버스를 타고
인류 역사의 발자국을 따라 달려 보아요!

　　　　　여러분 안녕, 나는 역사를 달리는 세계사 버스의 브라보 선생님이란다. 이제부터 여러분은 나와 함께 세계사 버스를 타고 인류가 걸어온 길을 따라가 볼 거야. 어디 어디를 갈 거냐고?

　최초의 인류가 살았다는 아프리카에도 가고, 세계 역사상 가장 넓은 땅을 차지했던 칭기즈 칸의 몽골 제국으로도 가 보자. 또 노예 제도에 대한 찬성과 반대를 두고 남쪽과 북쪽이 엄청난 피를 흘렸던 미국 남북 전쟁 때로도 가는 거야! 어때, 정말 흥미로운 여행이 되겠지? 이 밖에도 우리는 중대한 세계사의 여러 사건 속으로 떠나 볼 거야.

　그런데 여기서 잠깐, 이처럼 세계사를 여행하다 보면 궁금한 것도 많이 생겨날 거야. 인류 문명은 왜 강 주변에서 발달했을까? 유럽 곳곳에는 왜 큰 성당들이 많지? 식민지는 왜 생겨났을까? 왜 아프리카의 국경선은 자로 재어 자른 듯 반듯반듯할까? 미국은 어떻게 세계에서 가장 강한 나라가 되었을까? 등등 말이야.

혹시 세계사를 사건이 일어난 연도나 외우는 딱딱하고 지루한 과목이라고 생각하니? 그렇지 않아. 세계사에는 오랜 세월 세계 곳곳에 살았던 다양한 사람들의 모습과 그들의 슬프고 기쁜 갖가지 사연들, 또 그 이유가 숨어 있단다. 그러니 친구의 이야기를 들어주듯 흥미를 가지고 공감하다 보면 세계사를 더욱 재미있게 공부할 수 있어.

우리 세계사 버스는 인류가 시작된 때로부터 자유주의와 공산주의 이념에 따라 세계가 둘로 나뉘어 냉랭하게 지냈던 냉전의 시대까지 모두 마흔 정거장을 지나가게 될 거야. 때로는 어깨가 들썩거리는 뿌듯함도 느끼게 될 테지만, 때로는 눈물이 찔끔 날 것처럼 속상하고 가슴 아플 때도 있단다. 하지만 이 모든 과정을 거치면서 우리 인류는 세상을 발전시켰고, 지금에 이르게 되었지.

각 정거장을 지날 때마다 인류는 그때 왜 그런 선택을 했을까? 만약 그러지 않았다면 어떻게 되었을까? 하는 질문들을 해 봐. 왜냐하면 역사는 과거에만 있었다가 끝난 것이 아니라 지금도 계속 이어지고 있으니까!

자, 모두들 자리를 잡았지? 아차, 여행을 떠나기 전에 주머니와 배낭 안에 꼭 넣어야 할 것이 있어. 무엇이냐고? 그건 바로 관심과 호기심이란다. 그럼, 출발해 볼까!

이석희

작가의 말 4

고전 문명의 시대

인류의 시작에서 지역 세계의 형성까지

1 인류가 처음 등장했어요 12

2 농업과 문명이 시작되었어요 16

3 불교가 처음 생겨났어요 20

4 페르시아 전쟁이 일어났어요 24

5 알렉산드로스가 대제국을 건설해요 28

6 포에니 전쟁이 일어났어요 32

7 진시황제가 중국을 통일했어요 36

8 크리스트교가 탄생했어요 40

9 서로마 제국이 멸망했어요 44

10 무함마드가 이슬람교를 창시했어요 48

키워드와 사진으로 정리하는 고전 문명의 시대 52

중세 시대와 르네상스

중세 유럽의 시작에서 몰락까지

11 봉건 제도가 생겨났어요 56
12 교회가 막강한 힘을 가졌어요 60
13 십자군 전쟁이 시작되었어요 64
14 칭기즈 칸이 몽골을 통일했어요 68
15 백 년 전쟁이 일어났어요 72
16 르네상스가 일어났어요 76
17 활판 인쇄술이 발명되었어요 80
18 비잔틴 제국이 몰락했어요 84

키워드와 사진으로 정리하는 중세 시대와 르네상스 88

유럽의 발전과 근대 시대

대항해 시대부터 유럽 시민 혁명까지

- 19 콜럼버스가 아메리카에 도착했어요 92
- 20 종교 개혁이 일어났어요 96
- 21 마젤란이 세계 일주에 성공했어요 100
- 22 근대 과학이 발달했어요 104
- 23 영국과 에스파냐가 해상권 싸움을 벌였어요 108
- 24 인클로저 운동이 벌어졌어요 112
- 25 청교도들이 아메리카로 떠났어요 116
- 26 왕 대신 의회가 나라 최고의 권력을 가졌어요 120
- 27 루이 14세의 절대 왕정 시대가 열렸어요 124
- 28 근대 과학이 탄생했어요 128
- 29 영국에 민주주의의 전통이 시작돼요 132
- 30 미국이 독립을 선언했어요 136
- 31 프랑스 대혁명이 일어났어요 140
- 32 영국에서 산업 혁명이 일어났어요 144
- 33 서양 세력이 청나라를 침략했어요 148
- 34 미국에 남북 전쟁이 일어났어요 152

키워드와 사진으로 정리하는 유럽의 발전과 근대 시대 156

두 번의 세계 대전과 현대 시대

제국주의 시대부터 현대의 세계까지

35 일본이 아시아를 식민지 삼으려 했어요 160

36 제1차 세계 대전이 일어났어요 164

37 러시아에서 혁명이 일어났어요 168

38 제2차 세계 대전이 일어났어요 172

39 인류가 우주로 나아가요 176

40 냉전 시대가 막을 내려요 180

키워드와 사진으로 정리하는 두 번의 세계 대전과 현대 시대 184

세계사 연표   186

고전 문명의 시대

인류의 시작에서 지역 세계의 형성까지

1 인류가 처음 등장했어요

**기원전 400만 년경부터 약 4만 년경까지
현생 인류의 탄생**

오스트랄로피테쿠스(남쪽의 원숭이)
원숭이에 가까운 인류의 조상으로 간단한 도구를 만들었어요.

우리가 버스를 타고 처음 도착한 이곳은 아득히 먼 옛날이야. 저기 인류의 조상이 있네. 지금의 우리 모습과는 조금 달라 보이는데, 이들을 만나러 가기 위해 버스에서 내려 볼까?

원숭이로부터 갈라져 나와 조금씩 변해 간 이들은 마침내 인류의 조상이 되었어. 이렇게 생명체가 발달해 나가는 과정을 '진화'라고 한단다. 아주 긴 시간이 흐른 뒤 기원전 400만 년쯤 이들은 간신히 두 발로 설 수 있는 '오스트랄로피테쿠스'가 되었어. 오스트랄로피테쿠스는 '남쪽의 원숭이'라는 뜻인데, 이런 이름이 붙은 이유는 이들의 화석이 아프리카 남쪽에서 발견되었기 때문이야. 그 뒤 아프리카의 여러 곳에

호모에렉투스(곧선 사람)
돌 무기로 사냥하고, 언어와 불도 사용했어요.

호모사피엔스(슬기로운 사람)
창 같은 좀 더 정교한 도구를 만들 수 있었어요.

호모사피엔스사피엔스(생각하는 지혜인)
오늘날 인류와 가장 비슷하며 동굴 벽화를 남겼어요.

서 오스트랄로피테쿠스의 화석이 발견되었어. 그래서 많은 학자들은 최초의 인간이 아프리카에서 시작되었을 거라고 짐작한단다.

네 발로 걷다가 두 발로 서게 된 이들은 두 손이 자유로워졌어. 그러자 도구도 사용하게 되었단다. 주로 돌을 깨뜨려 얻은 날카로운 조각을 사용했는데, 돌을 도구로 사용한 이때를 석기 시대라고 부르지.

다시 세월이 지나자 '손재주 있는 사람'이라는 뜻의 '호모하빌리스'가 등장했어. 호모하빌리스는 오스트랄로피테쿠스보다 손이 발달하고 머리가 작았어. 이들 역시 짐승을 사냥하고 고기를 자를 때 돌을 깨서 만든 도구를 사용했는데, 이 도구를 뗀석기라고 해. 뗀석기는 식물의

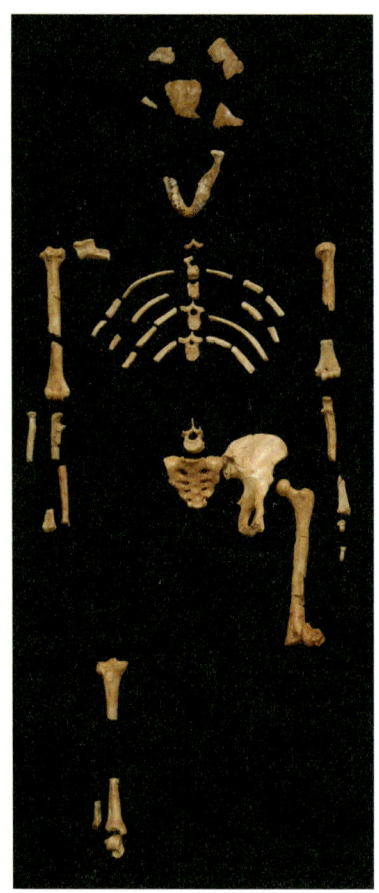

최초의 인간 루시
아프리카 동부 에티오피아에서 발견된 호모에렉투스(곧선 사람) 화석이에요.

뿌리를 캐고, 열매를 딸 때에도 사용했어.

그 다음으로 등장한 것은 '곧선 사람(직립 인간)'이라는 뜻의 '호모에렉투스'야. 호모에렉투스는 오늘날 사람의 모습과 거의 비슷할 정도로 두 발로 꼿꼿하게 서서 걸었어. 또한 원시 인류 중 가장 먼저 불을 사용했지. 처음에는 자연적으로 생긴 산불을 살던 곳으로 가져와 보관하는 정도였지만, 불이 쓸모 있다는 것을 알고 난 뒤에는 스스로 불을 피워 썼어. 이들은 주로 동굴에 살면서 사냥을 했단다.

그 뒤에는 '슬기로운 사람'이라는 뜻의 '호모사피엔스'가 등장했고, 이어서 기원전 4만 년쯤에는 인류의 직접적인 조상이 된 '호모사피엔스사피엔스'가 등장했어. 호모사피엔스사피엔스는 '생각하는 지혜인'이라는 뜻이야. 이름처럼 지혜로운 호모사피엔스사피엔스는 도구를 만드는 기술을 더욱 발달시키고 사냥에 있어서도 뛰어난 기량을 자랑했단다.

이번 정거장에서 더 알아보기

선사 시대와 역사 시대의 구분

역사 시대는 인간의 모습이나 일어난 일들이 문자 기록으로 남아 있는 시기를 말해요. 반대로 선사 시대는 문자 기록이 없는 이전 시대이지요. 지구상에 문자가 등장한 것은 기원전 약 5천 년 전쯤으로 이 시기를 기준으로 두 시대를 구분한답니다. 지구 전체 역사를 보면 선사 시대가 대부분이고, 역사 시대는 아주 짧아요.

기원전과 기원후의 구분

기원전 B.C.
기원후 A.D.

서양에서 예수가 태어난 해를 기준으로 연도를 표기한 것으로 기원전은 B.C.(Before Christ, '예수 탄생 전'이라는 뜻)로, 기원후는 A.D.(라틴어 Anno Domini, '그리스도의 해'라는 뜻)로 표시하지요. 그런데 B.C. 1년과 A.D. 1년 사이에는 0년이 없어요. 그래서 기원전 1년 다음은 기원후 1년이 되지요.

그리스 신화 속 불 이야기

그리스 신화에 나오는 최고의 신 제우스는 인간의 나쁜 행실을 못마땅하게 여겨 인간에게서 불을 빼앗았어요. 하지만 프로메테우스는 불이 없어 힘들어하는 인간을 불쌍하게 여기고는 천상의 불을 훔쳐 인간에게 되돌려 주었지요. 덕분에 인간은 음식을 익혀 먹고 따뜻하게 살 수 있었지만 프로메테우스는 그 일로 제우스에게 큰 벌을 받아요. 제우스는 독수리에게 프로메테우스의 간을 쪼아 먹게 했다고 하지요.

프로메테우스

2 농업과 문명이 시작되었어요

**기원전 7천 년경부터 2천 년경까지
농경의 시작과 세계 4대 문명의 탄생**

　인류의 조상들은 아득한 먼 옛날 어떻게 먹고 어떻게 생활했을까? 이번에 우리 버스는 원시인의 마을에 도착했어. 그럼 잠시 내려서 그들의 삶을 한번 구경해 볼까?

　원시 인류는 나무 열매를 따 먹고, 작은 동물을 사냥하는 등 배가 고프면 그때그때마다 먹을 것을 찾으러 이곳저곳을 돌아다녔어. 그러던 어느 날이었어. 그들이 먹고 버린 씨앗에서 싹이 트고 열매가 열리는 것을 보게 된 거야! 그때부터 사람들은 먹을 것을 찾아 헤매는 대신에 땅에 씨를 뿌리게 되었단다. 그동안 만들어 온 도구를 이용해 땅을 파고 씨를 심은 다음, 그것이 자라 먹을거리가 되기를 기다린 거지.

　이렇게 농사짓는 방법을 찾아낸 사람들은 먹을 것을 찾아 이동하는 생활을 그만두고 한곳에 머물며 농사를 짓게 되었어. 뿐만 아니라 예전처럼 숲과 들을 헤매며 사냥을 하는 대신, 자신들이 사는 곳에 울타리를 친 다음 가축을 기르기 시작했어. 비로소 '정착 생활'이 시작된 거야.

　생산 기술이 발전해 먹을거리는 점점 풍부해졌어. 그런데 사람들 중에는 재주가 좋아 농사를 잘 지어 먹을 것을 많이 마련하는 사람도 있는 반면, 그렇지 못한 사람도 있었어. 그러자 부자와 가난한 사람이 각각 생겨났어. 또 남자와 여자의 하는 일도 자연스럽게 나뉘었지. 남자는 가축을 기르거나 사냥하는 일을 맡았고, 여자는 아이를 낳고 돌보며 집안일을 주로 하게 된 거야.

어때? 농사를 짓기 시작하니 사람들의 생활이 이전과는 크게 달라졌지? 그래서 이것을 오늘날 우리는 '농업 혁명'이라고 부른단다.

먹을 것이 많아지고 생활에 여유가 생기자 사람들은 자식들도 많이 낳았어. 이렇게 사람들이 늘어나자 작았던 마을은 점점 커지고, 사람들의 생활이나 생각을 기록하기 위한 문자도 생겨났어. 또 많은 사람들을 통솔하는 사람도 나타났어. 이러한 큰 변화를 우리는 '문명'이 태어나는 것이라고 말해.

인류가 세계에서 가장 먼저 문명을 일으킨 곳은 이집트의 나일강 근처와 메소포타미아의 유프라테스강 주변, 인도의 인더스강 근처와 중국의 황허강 주변이지. 이들 4대 문명은 지역의 이름을 따서 '이집트 문명', '메소포타미아 문명', '인더스 문명', '황허 문명'이라고 부른단다. 물론 이 대표적인 세계 4대 문명 말고도 이미 세계 곳곳에는 다른 여러 문명들이 싹을 틔우고 있었단다.

당시에는 젖은 점토 위에 갈대 같은 것으로 문자 기호를 새겨 썼어.

설형 문자
인류 최초의 문자인 설형 문자로 쓰여진 바빌로니아 왕의 편지예요.

이번 정거장에서 더 알아보기

오늘날 사막이지만 이집트에서 문명이 생길 수 있었던 이유

이집트 지역은 오늘날 사막이지만 지금으로부터 6~7천 년전에는 기후가 온화했고, 비도 적당히 와서 사람이 살기 좋았어요. 또 인도의 인더스강 주변도 울창한 숲을 이루고 있었기 때문에 이곳에서 처음으로 문명이 태어날 수 있었답니다.

최초의 성문법, 함무라비 법전

바빌로니아 왕국은 기원전 1830년경부터 기원전 1600년경까지 메소포타미아 전 지역을 다스린 국가예요. 6대 왕인 함무라비 왕 때가 최대 전성기로, 이때는 함무라비 법전도 만들어졌지요. 이것은 2미터 정도 높이의 돌기둥에 새겨 놓은 법전으로 땅이나 결혼, 범죄 등에 대한 조항이 282개나 꼼꼼하게 기록되어 있어요. 이렇게 문자로 기록되어 문서의 형식을 갖춘 법을 '성문법'이라고 하지요.

이집트 문명이 남긴 유명한 건축물, 피라미드

피라미드는 돌로 만든 건축물로 세계적으로 큰 규모를 자랑해요. 오늘날 피라미드는 30개 정도 남아 있는데, 그중 가장 큰 것이 '파라오 쿠푸 왕'의 피라미드로 모두 200만 개의 벽돌로 만들어졌어요. 높이는 140미터나 되고요.

이집트 사람들이 피라미드를 세운 것은 죽은 왕이 내세의 생명을 이어 가도록 기원하고, 시신을 보존하기 위해서였어요.

그런데 이런 어마어마한 피라미드를 만들기 위해서는 오랜 기간 수많은 사람들의 희생과 노력이 따랐겠지요? 그래서 피라미드의 규모는 당시 왕의 힘이 어느 정도였는지를 보여 주기도 한답니다.

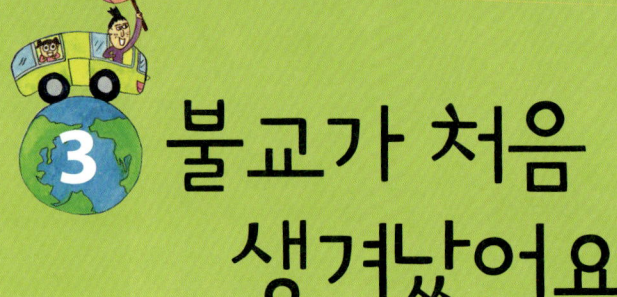

3 불교가 처음 생겨났어요

**기원전 6세기경
불교의 시작과 전파**

저기 맨 오른쪽에 앉아 있는 저 인물은 누굴까? 우리 버스는 지금 불교가 시작되는 현장에 도착했단다. 불교는 크리스트교, 이슬람교와 함께 세계 3대 종교로 꼽히며 오늘날까지 세계의 많은 사람들이 믿고 따르는 영향력 있는 종교야.

저기 앉은 저 분은 불교를 처음 탄생시킨 고타마 싯다르타야. 인도 샤카 족의 왕자로 태어난 그는 아무 어려움 없이 풍요로운 생활을 했지. 그러던 어느 날이었어. 성안에서만 살던 그는 우연히 성문 밖 사람들의 모습을 보고는 큰 충격을 받았어. 사람들이 태어나 늙고, 병들고, 죽는 문제로 고통을 겪는 것을 처음 보았거든.

석가모니(기원전 563?~기원전 483?)
불교를 창시한 고대 인도 사람이에요. 왕족이었으나 출가해 35세 때 크게 깨달음을 얻고 인도 각지에서 가르침을 전했어요.

싯다르타는 '사람들은 왜 세상에 태어나서 고통을 겪으며, 또 때가 되면 죽어야 하는 걸까? 사람들이 고통에서 벗어날 수 있는 방법은 무엇일까?' 하고 고민하기 시작했어. 하지만 수많은 책을 읽어 보아도 그 답을 찾을 수 없었지.

결국 싯다르타는 이에 대한 답을 얻기 위해 왕자의 자리는 물론 가족까지 모두 버리고 길을 떠났어. 그리고 7년 동안의 고행 끝에 보리수나무 아래에서 명상을 하던 중 드디어 깨달음을 얻게 되었단다. 싯다르타는 그 뒤 자신을 '깨달음을 얻은 사람'이라는 뜻의 '붓다'라고 했고, 사람들은 그를 '석가모니'라고 불렀어. 석가모니는 '샤카족 출신의 성

석가모니 설법도
석가모니가 커다란 연꽃에 앉아서 설법하는 모습이 조각되어 있어요.

> 가운데에 석가모니, 주변에는 그를 따르는 사람들이 새겨져 있어.

자'라는 뜻이야.

석가모니는 인도 곳곳을 돌아다니며 사람들에게 가르침을 전했어. 세상은 고통으로 가득 차 있는데, 이것은 인간의 욕심 때문이라는 것이었지. 그러니 욕심을 버려야만 참된 자유인 해탈(괴로움에서 벗어남)과 열반(진리를 깨달음)에 오를 수 있다고 했단다. 또 이렇게 노력하면 누구나 자신처럼 붓다가 될 수 있다고도 했어.

당시 인도는 카스트 제도라는 엄격한 신분 제도가 있었기 때문에 낮은 신분의 사람들에게는 누구나 붓다가 될 수 있다는 말이 큰 희망이 되었어. 수많은 사람들이 그의 설법을 듣기 위해 몰려들었지.

석가모니는 또 자비를 강조했어. 자비는 괴로움을 없애고 즐거움을 주는 것을 말해. 그는 이 자비를 사람들뿐만 아니라 살아 있는 모든 생명체, 또 생명이 없는 것에게까지도 베풀라고 가르쳤지.

이렇게 40여 년간 사람들에게 큰 힘과 용기를 준 석가모니는 80세의 나이로 세상을 떠났어. 하지만 그의 가르침을 이어받은 불교는 인도를 넘어 전 세계로 계속 퍼져 나갔단다.

이번 정거장에서 더 알아보기

인도의 카스트 제도

인도의 신분 제도로, 사람을 보통 4개의 계급으로 나눠요. 가장 높은 계급은 브라만(승려)이고, 그 아래로 크샤트리아(귀족 또는 무사), 바이샤(평민 또는 상인)가 있지요. 가장 낮은 계급은 수드라(노동자 또는 노예)예요. 또 불가촉천민도 있는데, 이들은 카스트 제도 안에도 속하지 못하는 가장 천한 신분이에요. 각 계급은 가질 수 있는 직업이 정해져 있고, 다른 계급과는 결혼할 수도 없어요. 지금 인도에서 카스트 제도는 법적으로는 사라졌지만 아직도 사회 곳곳에서 강력한 영향력을 지니고 있어요.

불교가 인도에서 발전하지 못한 이유

불교가 처음 생겨난 곳은 인도이지만 오늘날 인도는 힌두교 국가예요. 인도에서 불교가 발전하지 못한 가장 큰 이유는 누구나 붓다가 될 수 있다는 불교의 가르침이 카스트 제도와 부딪혔기 때문이에요. 또 인도에 힌두교가 이미 있었고, 나중에 이슬람교가 전파된 것도 불교가 발전하지 못하는 원인이 되었어요.

인류 역사상 가장 빠르게 전파된 이슬람교

이슬람교는 전 세계 140여 개국에 13억 명이 넘는 신도를 가진 세계적 종교예요. 이슬람교는 610년 무함마드가 유일신 알라의 계시를 받아 창시했는데, 인류 역사상 가장 빠르게 퍼져 나간 종교로도 기록되어 있답니다.

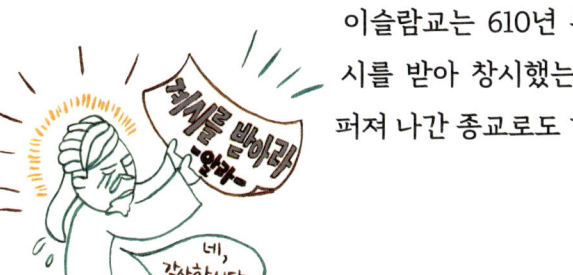

4 페르시아 전쟁이 일어났어요

**기원전 492년
페르시아 전쟁 시작**

우리가 탄 버스는 인도를 지나 페르시아에 도착했어. 페르시아는 지금의 이란에 위치한 나라였는데, 당시 넓은 지역을 차지하며 발전해 나갔단다. 이번 정거장에서는 당시 대제국이었던 페르시아의 발전과 멸망까지를 알아볼 거야.

페르시아의 세 번째 통치자 다리우스 1세는 인더스강과 이집트, 마케도니아까지 정복해 거대한 제국을 건설했단다. 그런데 이렇게 넓은 지역을 정복해 나가다 보니, 이미 지중해에서 위세를 떨치고 있던 그리스의 도시 국가들과 힘을 겨루게 되었어. 당시 그리스에는 아테네와 스파르타 등 200개가 넘는 도시 국가들이 있었지.

 그렇게 해서 페르시아와 그리스의 도시 국가들이 충돌한 페르시아 전쟁이 무려 네 번이나 일어났어. 첫 번째는 기원전 492년, 페르시아 함대가 그리스의 북쪽 트라키아 지방으로 쳐들어갔단다. 하지만 때마침 폭풍우가 크게 일어나는 바람에 페르시아는 제대로 싸우지도 못하고 되돌아가야만 했지.

 두 번째 전쟁은 그로부터 2년이 지난 기원전 490년에 일어났어. 페르시아가 그리스 아테네의 북동쪽 마라톤 평야를 다시 침략한 거야. 하지만 목숨을 걸고 싸우는 그리스 아테네 병사들에게 6천여 명의 군사들만 잃은 채 또 후퇴하고 말았어. 이 싸움이 바로 유명한 '마라톤 전투'지.

세 번째 전쟁은 기원전 480년에 일어났단다. 이때는 페르시아의 다리우스 1세가 세상을 떠난 뒤여서 그의 아들인 크세르크세스가 30만 대군을 이끌었지. 그리스 스파르타의 군대는 페르시아 군대가 지나가는 길을 막고 일주일 동안 처절하게 싸웠어. 하지만 결국 스파르타의 병사 7천 명이 모두 목숨을 잃고 말았지. 그러나 그리스 아테네의 함대가 살라미스 해전에서 페르시아 함대를 크게 무찔렀단다. 그래서 이번에도 페르시아는 후퇴하고 말았어.

페르시아 병사

마지막 네 번째 전쟁은 그리스에 남아 있던 페르시아의 마르도니오스와 그리스 연합군 사이에 벌어진 싸움이었어. 하지만 여기서도 페르시아는 지고 말았단다.

가까스로 페르시아를 물리친 그리스 도시 국가들은 페르시아의 침략에 대비해 동맹을 맺었어. 그중 가장 큰 힘을 가진 것은 아테네였지. 이처럼 그리스가 페르시아 전쟁에서 승리한 덕분에 그리스 문화와 정치 체제는 페르시아 제국이 사라진 뒤에도 오래 살아남을 수 있었단다.

이번 정거장에서 더 알아보기

마라톤 경기의 유래

마라톤 전투에서 그리스 아테네가 승리했을 때였어요. 전쟁터에서부터 쉬지 않고 달려온 병사 하나가 승리의 소식을 전했지요. 하지만 42.195킬로미터나 달려온 그 병사는 승리를 전하고는 바로 숨을 거두었대요. 이 일로 오늘날 42.195킬로미터를 달려 우승을 겨루는 마라톤 경주가 시작되었다고 해요.

델로스 동맹이 깨지면서 벌어진 펠로폰네소스 전쟁

델로스 동맹은 그리스 도시 국가들이 페르시아에 맞서기 위해 델로스섬에서 맺은 동맹이에요. 처음에는 모든 동맹국의 대표자들이 동등한 투표권을 갖고 있었지만 점차 모든 권력을 아테네가 가지게 돼요. 이에 스파르타가 불만을 품고 아테네와 벌인 전쟁이 바로 펠로폰네소스 전쟁이에요.

역사의 아버지 헤로도토스

그리스의 역사가 헤로도토스가 쓴 《역사》에는 페르시아 전쟁이 생생하게 기록되어 있어요. 또 지중해 주변 나라와 민족, 문화 등의 내용도 담겨 있지요. 이 책에 담긴 내용은 너무나 방대해 옛날 역사가들은 책의 내용을 사실이 아닌 이야기로만 여겼대요. 그러다 18세기가 되어 비로소 이것이 사실임이 밝혀져 그는 '역사의 아버지'라는 별명을 얻게 되었어요.

5 알렉산드로스가 대제국을 건설해요

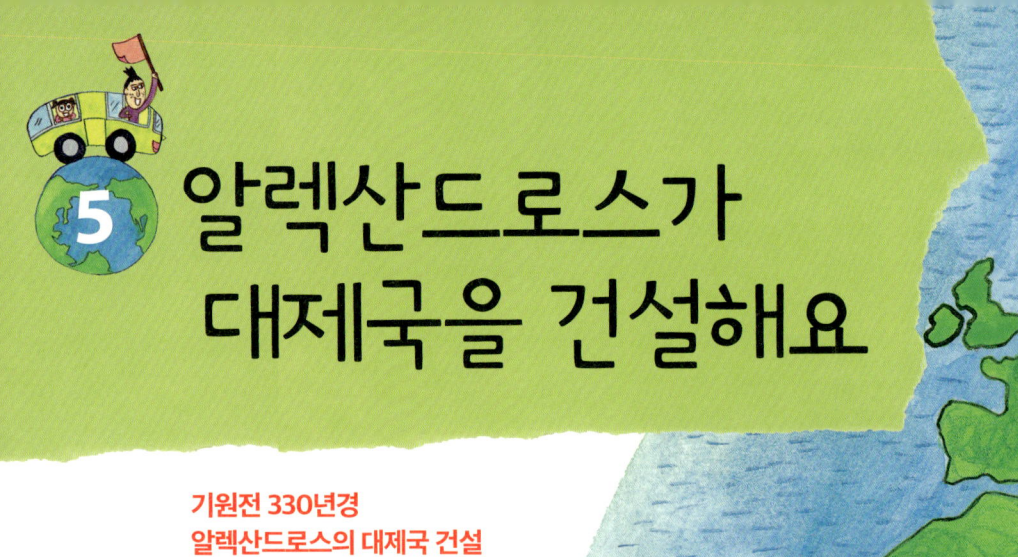

**기원전 330년경
알렉산드로스의 대제국 건설**

그리스의 조금 위로는 마케도니아라는 나라가 자리 잡고 있었어. 오늘날 마케도니아는 작은 나라이지만 당시에는 그리스의 뒤를 이어 지중해의 권력을 독차지한 강대국이었지. 마케도니아는 필리포스 2세 때 그리스마저 지배할 정도로 힘을 키웠어. 또한 그의 아들 알렉산드로스 3세 때에는 엄청난 대제국을 건설하지. 그럼, 이 대제국의 주인공을 만나러 떠나 볼까?

흔히 알렉산드로스 대왕이라고 불리는 그는 어린 시절, 그리스의 철학자인 아리스토텔레스에게서 윤리학과 철학, 문학, 자연 과학 등을 배웠어. 그는 학문을 무척 사랑했지. 그러나 나중에는 아버지와 함께 수

많은 전쟁터를 누비고 다니면서 지중해와 오리엔트(동방) 세계를 하나의 나라로 통일하겠다는 야망을 키웠어.

　알렉산드로스 대왕은 20세의 나이로 왕위에 오르자마자 페르시아 원정에 나섰어. 이것이 바로 알렉산드로스 대왕의 동방 원정이라는 역사적 사건의 시작이야. 그는 그리스 도시 국가 테베를 정복하고, 이어서 소아시아(오늘날 터키 지역)를 차지한 다음, 페르시아의 수도를 거쳐 인도까지 거침없이 내달렸어. 또 남쪽으로는 이집트까지 항복시켰지. 그리고 정복한 여러 지역에는 자신의 이름을 본떠 '알렉산드리아'라는 도시들을 세웠단다.

이수스 전투
알렉산드로스 대왕이 페르시아의 다리우스 3세를 물리치는 장면이에요.

이수스 평원에서 일어난 전투를 그린 기념화야.

　이렇게 그가 정복한 넓은 땅에는 페르시아의 문화와 그리스의 문화가 뒤섞여 전해졌어. 그러다 보니 두 문화가 합쳐지면서 '헬레니즘'이라는 새 문화가 생겨났어.

　헬레니즘은 '그리스인처럼 행동하라.'는 뜻의 말이란다. 알렉산드로스 대왕이 넓은 지역을 점령하면서 동쪽과 서쪽 각 지역에만 머물러 있던 문화가 비로소 교류하게 된 거야. 이로써 헬레니즘이라는 국제적이고 세계적인 새 문화가 탄생되었지.

　그러나 이처럼 대단했던 알렉산드로스 대왕은 아라비아 원정을 준비하던 중에 갑자기 세상을 떠났어. 33세의 젊은 나이였지. 대제국을 누가 이어받아 통치할지 결정하지도 못하고 그가 죽자, 후계자를 누구로 정하느냐로 싸움이 일어났어. 그리고 결국 대제국은 마케도니아와 시리아, 이집트로 갈라지고 말았단다.

이번 정거장에서 더 알아보기

오늘날까지 사랑받는 헬레니즘 문화의 대표작

헬레니즘 문화의 특징은 개인적이면서도 현실적인 것을 강조한다는 것이에요. 이러한 헬레니즘 문화는 사람들의 생각뿐 아니라 과학이나 미술에까지 큰 영향을 미쳤지요.

헬레니즘 문화를 대표하는 작품으로 오늘날까지 전해지는 것은 조각인 '아프로디테 상(밀로의 비너스)', '키레네 아프로디테 상', '헬레니즘 시대의 지배자' 등인데, 여성의 아름다움이나 남성이 가진 왕성한 남성미를 사실적으로 잘 표현해 냈답니다.

신을 중심에 두는 헤브라이즘 문화

헬레니즘 문화와 대조되는 문화는 헤브라이즘 문화예요. 오늘날 서양 문명은 헬레니즘 문화와 헤브라이즘 문화를 좌우의 날개로 삼고 있다고 해도 과언이 아니지요. 헤브라이즘은 고대 유대 민족의 문화나 정신을 가리키는 말로, 보통 유대교와 크리스트교의 전통을 함께 일컬어요. 헤브라이즘 문화는 신앙이 중심이 되며 유일신을 중요하게 생각해요. 그래서 이성적이고 과학적인 것을 강조하는 헬레니즘 문화와는 서로 반대되지요.

다시 말해 헬레니즘 문화는 인간 중심의 인본주의이고, 헤브라이즘 문화는 신이 중심인 신본주의라고 할 수 있어요. 오늘날 서양의 문화를 이해하기 위해서는 이 두 문화를 꼭 알아 두어야 해요.

6 포에니 전쟁이 일어났어요

**기원전 264년
로마와 카르타고의 포에니 전쟁 시작**

로마 제국이라는 말을 들어 본 적 있지? 이번 정거장에서는 지중해의 새로운 강대국이 된 로마 제국의 탄생을 지켜보게 될 거야. 그 전에 먼저 포에니 전쟁에 대해 알아볼까?

포에니 전쟁은 지중해 지방으로 더욱 뻗어 나가려 했던 로마와 이를 막고 있던 카르타고 사이에서 벌어진 전쟁이란다. 그런데 카르타고가 어떤 나라냐고? 카르타고는 페니키아 사람들이 북아프리카의 튀니스 만 북쪽 해안에 세운 고대 도시 국가였어. 로마 사람들은 페니키아 사람들을 '포에니'라고 불렀단다.

당시 카르타고는 에스파냐와 아프리카를 연결하는 해상 무역권을

가지고 큰 힘을 휘두르고 있었어. 한편 그때 로마 역시 이탈리아 반도를 통일하고, 동맹국인 시칠리아에까지 영토를 더욱 넓혀 가려던 참이었지. 하지만 이 지역에서는 오랜 세월 카르타고가 버티고 있었어.

시칠리아를 두고 호시탐탐 기회를 엿보던 로마는 기원전 264년 시칠리아에 원정대를 보내게 돼. 그리고 마침내 카르타고와 120여 년에 걸친 세 차례의 전쟁이 벌어지지.

로마는 이제 막 떠오르는 나라였기 때문에 카르타고보다 해군의 힘이 약했어. 고민하던 로마는 좋은 꾀를 냈지. 배와 배 사이에 다리를 놓아 바다가 아닌 육지에서와 같은 느낌으로 싸울 수 있는 독특한 방법을 쓴 거야. 그렇게 해서 결국 카르타고의 해군을 무찌를 수 있었고, 드디어 시칠리아는 로마의 손아귀에 완전히 들어갔단다.

 제2차 포에니 전쟁은 기원전 218년에 시작되었어. 카르타고의 명장 한니발은 군사를 이끌고 유럽의 큰 산맥인 알프스를 넘어 로마로 쳐들어갔지. 수많은 군사들과 코끼리까지 끌고 높은 산을 넘자니 고생이 이만저만이 아니었어. 하지만 그 고생은 헛되지 않았단다. 한니발 군대가 설마 알프스를 넘을까 방심했던 로마는 한니발의 기습을 받았고, 수도 로마까지 위태로운 지경에 놓이게 되었거든.

 그러나 한니발의 기습에도 불구하고 카르타고군은 로마를 장악하지 못했어. 로마는 시간을 끌면서 카르타고군이 지치기만을 기다렸지. 결국 한니발은 17년간이나 이탈리아 반도에 머물러야 했어. 그러던 중 로마가 카르타고 본국을 공격하자 한니발은 부하들과 카르타고로 돌아갔으나 제대로 싸워 보지도 못하고 지고 말았단다.

 그리고 기원전 149년, 이번에는 로마가 카르타고로 쳐들어갔어. 이것이 제3차 포에니 전쟁이야. 카르타고 사람들은 성문을 닫고 3년간이나 버텼지만 결국 도시는 폐허가 되었어. 전쟁이 끝난 다음 카르타고의 인구가 10분의 1로 줄어 있었다고 하니 전쟁이 얼마나 치열했는지 짐작이 가지? 이렇게 전쟁은 로마의 승리로 모두 끝이 났어.

 한때 지중해의 해상 무역권을 장악했던 카르타고는 결국 멸망하고 말았지. 그리고 이제 본격적인 로마의 시대가 열리게 되었단다.

이번 정거장에서 더 알아보기

한니발이 알프스를 넘어 로마로 간 이유

당시 로마는 한니발의 군대가 해안 쪽으로 올 것이라고 생각하고 바닷가인 마르세유 지역에 숨어 있었어요. 하지만 한니발은 이미 그것을 알고 있었지요. 게다가 마르세유 근처에는 로마와 가깝게 지내는 도시들이 많아서 오히려 불리하다고 판단했어요. 또 한니발은 무엇보다 아무도 상상하지 못한 북쪽을 치는 것이 로마의 허를 찌를 수 있다고 생각했기 때문에 혹독하게 추운 겨울 날씨 속에서도 알프스 산맥을 넘은 것이었답니다.

카르타고의 명장 한니발 장군

한니발은 카르타고의 정치가이자 군인이에요. 제2차 포에니 전쟁에서 카르타고 군을 지휘했는데, '전략의 아버지'로 불릴 만큼 뛰어난 전략을 발휘해 실제 군사들의 전투력의 몇 배가 넘는 효과를 이끌어 냈어요.

그는 알프스를 넘어 로마를 공격하는 데에 성공했지만 로마에 결정적 타격을 입히지는 못했어요. 그러던 중 로마의 장군 스키피오가 에스파냐를 정복하고 카르타고로 쳐들어오자 급히 카르타고로 되돌아왔어요.

그러나 한니발은 기원전 202년 자마 전투에서 스키피오에게 다시 졌고, 시리아로 도망가고 말았어요. 한니발은 로마에 복수할 방법을 오랫동안 찾다가 결국 독약을 마시고 스스로 목숨을 끊었어요. 로마를 쓰러뜨릴 뻔했던 명장이었던 한니발은 죽어 가면서 "아, 카르타고여! 나를 용서해다오!"라고 소리쳤다고 전해진답니다.

7 진시황제가 중국을 통일했어요

**기원전 221년
진시황제의 중국 통일**

이번에는 아시아의 중국으로 떠나 볼까? 로마와 카르타고의 전쟁이 한창일 무렵 진나라의 시황제는 중국을 통일하지. 그럼 먼저 통일 전 중국의 모습을 들여다보자.

기원전 770년경, 중국 주나라의 힘이 약해지자 중국 각지에서는 힘 있는 제후들이 나와 서로 권력을 차지하기 위해 치열한 경쟁을 벌였어. 그리고 중국에는 천 개가 넘는 나라들이 세워져 서로 오랫동안 권력 싸움을 하게 되지. 이때를 춘추 전국 시대라고 한단다. 그렇게 몇 백 년씩이나 계속되던 이 혼란스러운 시기는 비로소 한 인물에 의해 끝이 나. 그 사람이 바로 중국을 통일한 시황제야.

　시황제라는 말은 '최초의 황제'라는 뜻이야. 그는 그때까지 쓰이던 왕이라는 이름 대신에 자신이 왕보다 더 강력하고 위대하다는 의미로 '황제'라고 부르도록 했단다. 13세의 어린 나이에 왕위에 올라 39세에 마침내 중국 땅을 통일한 시황제는 야심이 대단했어.

　먼저 그는 강력한 중앙 집권 국가를 만들려 했지. 그래서 여러 제후가 스스로 영토를 가지고 그 땅을 다스리던 봉건 제도를 없애고, 중앙에서 지방으로 관리를 보내 나라 전체를 다스리는 군현 제도를 처음 실시했어. 또 제각각이었던 문자와 도량형(길이, 부피, 무게 따위의 단위를 재는 법), 화폐를 통일하고, 사방으로 도로를 놓아 교통을 편리하

저 인형들은 죽은 시황제를 지키도록 만들어졌어.

시황제의 무덤
엄청난 규모의 이 무덤 안에서는 진짜 같은 전차, 수레, 병사 인형이 수없이 많이 나왔어요.

게 했지.

그는 이렇게 통일 국가의 황제로서 많은 업적을 남겼어. 하지만 그는 역사 속에서 폭군으로 불린단다. 그 이유가 뭘까? 당시 시황제가 지독한 공포 정치를 펼쳤거든. '공포 정치'란 강력한 권력을 이어 가기 위해 사람들에게 두려움을 주면서 다스리는 것을 말해.

또 시황제는 법가 사상을 받아들여 모든 것을 예외 없이 법으로만 해결했어. 책을 읽는 학자들이 자신을 비판하지 못하도록 법가의 책과 농사에 관련된 책을 제외한 다른 책은 읽거나 갖지도 못하게 했지. 학자들이 이에 반대하자 시황제는 학자들을 구덩이에 파묻어 죽이고 책을 불태우기까지 했단다. 이것을 '분서갱유'라고 하는데, 이 말은 '책을 태우고 학자들을 묻어 버린다.'는 뜻이야.

뿐만 아니라 거대한 만리장성과 아방궁, 자신의 무덤인 여산릉을 만들기 위해 무리한 공사를 벌이며 백성들을 가혹하게 다스렸지.

하지만 무시무시한 권력을 휘두르던 시황제도 세월을 거스를 수는 없었어. 그는 죽음이 두려워 영원히 사는 약을 오랫동안 찾았지만 결국 50세의 나이로 세상을 떠났어. 그 뒤 진나라도 서서히 몰락한단다.

이번 정거장에서 더 알아보기

엄격한 법을 강조한 진나라의 법가 사상

법가 사상을 세운 사람은 한비자예요. 그는 모든 것을 법률에 따라야 한다고 주장했어요. 사람은 이기적이라 자신에게 이득이 되는 것만을 하기 때문에 법이 꼭 필요하다는 것이었지요. 진시황제는 이러한 법가 사상을 받아들여 통치 이념으로 삼았어요. 그러나 법가의 정책은 너무나 엄격해서 많은 백성들의 원망을 샀답니다. 그 뒤 중국에서는 이를 거울삼아 엄격한 법을 강조하는 법가 대신 예의와 도덕을 중시하는 유가 사상을 따르게 되었어요.

흉노족의 침입을 막기 위해 세워진 거대한 만리장성

진시황제가 북쪽 흉노족(훈족)의 침입을 막기 위해 쌓은 성이에요. 원래 이름은 '장성'이지만 그 길이가 1만 리가 넘는다고 해서 만리장성이라고 불러요. 만리장성은 진시황제 때 처음 쌓은 것은 아니에요. 그 전까지 곳곳에 세워져 있던 성벽을 진시황제 때 손보면서 연결한 것이랍니다. 그 뒤 명나라 때까지 계속 보완하고 늘려 지으면서 지금의 모습이 되었지요.

만리장성은 지도상의 길이만도 2,700킬로미터이고, 중간에 갈라져 나간 것까지 합하면 약 6,400킬로미터나 된다고 해요. 지금은 유네스코 세계 문화유산에 올라 있지요. 하지만 최근 중국은 만리장성이 고구려의 옛 영토까지 이어졌다는 억지 주장을 하면서 역사 사실을 왜곡하려고 해서 문제가 되고 있기도 해요.

크리스트교가 탄생했어요

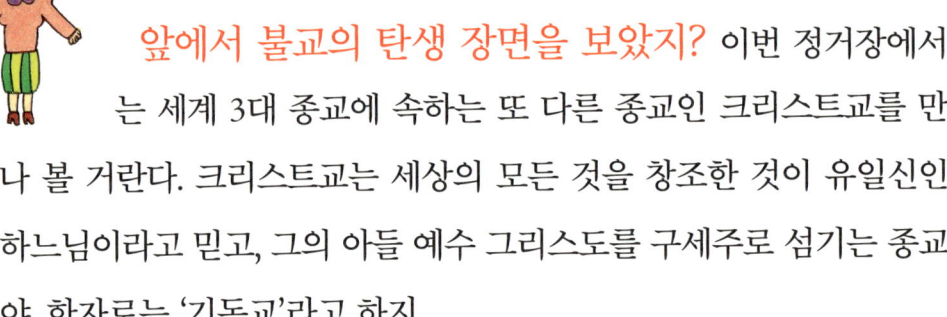

**기원전 4년경
예수 그리스도의 탄생**

앞에서 불교의 탄생 장면을 보았지? 이번 정거장에서는 세계 3대 종교에 속하는 또 다른 종교인 크리스트교를 만나 볼 거란다. 크리스트교는 세상의 모든 것을 창조한 것이 유일신인 하느님이라고 믿고, 그의 아들 예수 그리스도를 구세주로 섬기는 종교야. 한자로는 '기독교'라고 하지.

예수는 기원전 4년 이스라엘의 국경에 있는 소도시 베들레헴의 한 마구간에서 태어났다고 해. 예수의 어린 시절에 대해서는 잘 알려져 있지 않아. 그는 30세 때쯤부터 사람들에게 가르침을 베풀기 시작했는데, 그때부터 그를 따르는 사람들이 많아졌대. 그는 "하느님의 나라가

가까이 왔으니 회개하고 복음을 믿으라."며 사람들에게 그동안의 잘못을 뉘우치라고 말했어. 특히 그의 가르침은 가난하거나 병든 사람, 소외받던 사람들에게 열렬한 환영을 받았단다. 높은 신분이나 부자가 아니더라도 누구든지 회개하면 하느님의 나라에 들어갈 수 있다고 했기 때문이야.

하지만 예수의 명성이 점점 높아지자 그를 곱지 않게 보는 사람들도 늘어났어. 더구나 당시 철저하게 율법을 지키며 권력을 누렸던 제사장이나 율법학자들에게 예수는 큰 골칫거리였단다. 예수는 권력과 돈을 가지고 위세를 부리는 사람들을 비판했거든.

미켈란젤로의 피에타
죽은 예수를 그의 어머니 마리아가 안고 있는 이 모습은 수많은 예술가들의 작품으로 재탄생되었어요.

흑흑~ 예수님이 돌아가시다니! 슬프다.

결국 이들은 꾀를 써 예수를 따르던 열두 명의 제자 중 가롯 유다를 자기들의 편으로 만들었어. 그러고는 유다를 이용해 예수가 세상을 어지럽히고 사람들을 선동해 왕이 되려 한다며 그를 고발했지. 당시 총독이었던 빌라도는 예수에게서 이렇다 할 죄를 발견하지는 못했지만 이들의 요구를 거절할 수 없어서 결국 십자가형을 선고했단다.

예수는 십자가에서 결국 목숨을 잃었지만 죽은 지 3일째 되는 날 부활했다고 해. 이것이 바로 크리스트교의 핵심 교리란다. 예수가 인류의 죄를 대신해 십자가에 못 박혔다가 부활함으로써 구원을 증명한 것이란 이야기지.

예수의 열두 제자를 통해 크리스트교는 점차 널리 퍼져 나갔어. 그 뒤로도 크리스트교는 오랜 박해를 받았지만 신도의 수는 더욱 늘어났지. 그리하여 마침내 313년 로마의 콘스탄티누스 황제는 크리스트교를 공인했고, 그 뒤 테오도시우스 황제 역시 로마 제국의 국교로 지정했어. 이어 크리스트교는 페르시아, 인도, 중국에까지 전파되었지.

크리스트교는 특히 서양의 모든 학문과 예술, 문학 등에 큰 영향을 미쳤단다. 그리고 오늘날까지 전 세계에 큰 영향력을 가지고 있어.

크리스트교와 유대교의 차이

크리스트교와 유대교는 그 뿌리가 같아요. 두 종교 모두 하느님과 구약 성경을 믿으며 각 신도들은 자신들이 하느님에게서 선택받은 백성이라 여기지요.
하지만 유대교에서는 구약 성경에서 예언된 구세주가 아직 오지 않았다고 믿는답니다. 다시 말해 예수를 구세주라고 여기지 않는 것이 유대교와 크리스트교의 가장 큰 차이지요. 그래서 유대 인들은 예수의 신앙을 기록한 신약 성경은 믿지 않아요.

크리스트교를 공인한 밀라노 칙령

온갖 박해에도 크리스트교를 믿는 사람들은 점점 늘어났어요. 그러자 비로소 고대 로마의 황제 콘스탄티누스는 '밀라노 칙령'으로 크리스트교를 누구나 믿을 수 있는 종교로 인정했지요.
밀라노 칙령은 콘스탄티누스 황제와 동로마 황제 리키니우스가 밀라노에서 발표한 것으로, 크리스트교도의 자유를 인정하고 나라가 빼앗은 교회 재산을 돌려주기로 한 약속을 말해요.
밀라노 칙령은 로마 제국이 크리스트교를 더 이상 박해하지 않고 받아들인 것이라는 점에서 역사의 큰 전환점이 된 사건이랍니다.

9 서로마 제국이 멸망했어요

**395년부터 476년까지
로마 제국의 동서 분열과 서로마 제국 멸망**

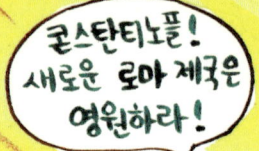

대제국으로 성장하던 로마는 그동안 어떻게 되었을까? 버스를 타고 로마로 다시 가 보자!

로마는 발전을 거듭하면서 500년 만에 대제국으로 커졌단다. 하지만 로마 제국 내부에는 여러 문제가 있었어. 먼저 황제 자리를 둘러싼 다툼이 끊이지 않았단다. 그러다 보니 나라가 혼란스러워졌고, 이로 인해 전쟁 역시 많이 치르지 못하게 되었고 노동력으로 쓸 노예와 농민들을 다른 곳에서 데려오지도 못해 경제도 어려워졌지.

로마는 어쩔 수 없이 야만족으로 여겨 멀리 했던 게르만족을 불러와 로마에서 살게 하며 이들을 노동력으로 활용했어. 또 로마 사람들을

대신해 이들을 전쟁터에 내보내기도 했지.

이렇게 힘을 잃어 가던 대제국 로마는 콘스탄티누스 황제 이후로 급기야 동로마 제국과 서로마 제국, 두 나라로 나뉘고 말았어. 왜냐고? 먼저 크리스트교를 인정한 콘스탄티누스 황제는 로마의 수도를 비잔틴으로 옮기고 이름을 콘스탄티노플(지금의 터키 이스탄불)로 바꾼 뒤 '새로운 로마'라고 선언했어. 그러다 보니 자연스럽게 로마 제국의 중심이 두 개가 되었단다.

또 그의 뒤를 이은 테오도시우스 황제는 죽기 전에 로마 제국을 동쪽과 서쪽으로 나누어 두 아들에게 물려주었단다. 약해져 버린 황제의

성 소피아 대성당
로마의 새 수도 콘스탄티노플에 세워진 성당으로, 비잔틴 문화의 대표적인 건축물로 꼽혀요.

동로마 제국의 전성기를 연 유스티니아누스 황제가 이 성당을 완성했다고 해.

힘으로는 더 이상 로마 제국을 혼자 통치할 수 없다고 생각한 것이지. 서쪽의 로마 제국은 서로마 제국이라고 불렀어. 그리고 동쪽의 로마 제국은 동로마 제국이라고 했는데, 동로마 제국은 나중에 비잔틴 제국이 된단다.

서로마 제국은 당시 11세였던 테오도시우스 황제의 아들이 맡게 되었어. 새 황제가 너무 어리다 보니 그를 대신해 플라비우스 스틸리코 장군이 서로마 제국의 정권을 잡았지. 하지만 서로마 제국은 동로마 제국에 비해 국력이 약했고, 이민족의 침입도 계속되었어. 그러다가 476년, 서로마 제국은 게르만족의 침략으로 멸망한단다. 서로마 제국의 마지막 황제였던 로물루스 아우구스투스는 게르만족 용병 대장인 오도아케르에 의해 황제 자리에서 쫓겨났어.

반면 동로마 제국은 서로마 제국이 멸망한 뒤에도 로마의 정통성을 지키면서 1453년까지 오랫동안 이어졌단다.

이번 정거장에서 더 알아보기

로마 제국을 침략한 게르만족

게르만족은 원래 독일 북쪽에서 살던 사람들로 체격이 크고 사냥과 약탈을 좋아했어요. 로마 사람들은 이들을 야만족으로 여기며 두려워했지만 워낙 오랫동안 가까이 지내다 보니 서로 교역을 하며 긴밀한 관계를 맺기도 했지요.

그러나 게르만족은 나중에 로마를 침략해요. 아시아에서 넘어온 훈노족의 침입을 받아 자신들의 살 곳을 빼앗기자 로마로 이동하게 된 것이었지요.

황제가 나라를 다스리는 제정 로마의 시작

도시 국가였던 로마는 처음에는 왕이 다스리는 '왕정'이었으나 곧 원로원들이 권력을 잡아 '공화정' 체제로 바뀌었어요. 원로원은 여러 명의 원로로 구성되는데, 해마다 자기들을 대표할 두 명의 집정관을 뽑아 권력을 행사했지요.

그러던 어느 날, 집정관이었던 카이사르는 왕이 되려 한다는 의심을 받아 암살되고 말아요. 그 일로 카이사르의 조카이자 후계자였던 옥타비아누스가 반대파를 물리치고 최초의 로마 황제가 되지요. 이로써 로마에는 황제가 다스리는 '제정'이 시작되었어요.

제정은 로마 초기의 왕정과 비슷하지만 황제가 자신의 후임자를 스스로 정했고, 권력도 왕보다 더 컸어요. 이 정치 체제는 넓은 영토를 다스리는 데 효과적이었지만 시간이 흐르면서 문제가 생겨 결국 로마가 동서로 분열되는 결과를 가져오지요.

10 무함마드가 이슬람교를 창시했어요

**610년부터 622년까지
이슬람교의 창시와 헤지라**

평생 한 번은 메카로 순례를 가야 해!

이번에는 세계 3대 종교의 또 하나, 이슬람교를 알아볼 정거장에 도착했어. 이슬람교는 610년 무함마드가 유일신 알라의 계시를 받고 창시했단다. 창시가 무슨 말이냐고? 어떤 사상이나 학설을 처음으로 만드는 것을 뜻해. 이렇게 창시된 이슬람교는 오늘날 전 세계에 13억 명이 넘는 신도를 거느리며, 정치나 생활에까지 많은 영향을 미치는 중요한 종교가 되었어.

이슬람교의 창시자 무함마드는 570년 지금의 사우디아라비아 지역인 메카에서 태어났단다. 무역을 하면서 큰돈을 벌던 그는 40세가 되던 해 산속 동굴에서 명상을 하던 중 깨달음을 얻게 되었어. 그 뒤 무함

무함마드(570~632)
신의 계시를 받아 유일신 알라에 대한 숭배를 가르치기 시작했어요. 이로써 그가 창시한 이슬람교는 정치적, 역사적으로 세계에 큰 영향을 끼쳤어요.

마드는 "알라 이외에는 신이 없다."고 하며 알라 앞에 모든 사람이 평등하다는 가르침을 펼쳤단다. 그의 이런 가르침은 특히 가난하고 어려운 사람, 노예들에게 환영받았어. 하지만 유일신이 아닌 다신교를 믿던 귀족들은 무함마드의 가르침이 사람들에게 퍼져 나가는 것을 싫어했어.

귀족들의 박해를 받던 무함마드는 결국 메카를 떠나 메디나로 가기로 했어. 당시 사회에서 살던 곳과 가족을 버리고 새로운 곳으로 간다는 것은 자살 행위와 마찬가지였지. 그러나 무함마드가 떠나는 그 여정에는 200여 명이나 되는 사람들이 함께 했단다. 이것이 바로 이슬람교에서 역사적인 사건으로 기록되는 '헤지라'야. 이슬람교는 헤지라를

이슬람 최고의 성지인 메카
메카에서 이슬람교도들이 기도를 올리고 있어요.

겪으면서 비로소 종교로 자리 잡았단다. 헤지라는 이슬람력의 원년으로, 이슬람교가 시작된 해야.

632년 무함마드는 그를 따르는 무리를 이끌고 메카로 다시 돌아왔어. 메카 사람들은 이슬람교를 받아들였고, 그때부터 메카는 이슬람 최고의 성지가 되었단다. 전 세계 이슬람교도들은 오늘날에도 매일 다섯 번씩 메카 방향을 향해 기도를 해. 또 일생에 한 번이라도 메카 순례를 떠나는 것은 이슬람교도들의 중요한 의무야. 그래서 해마다 순례의 달인 12월이 되면 메카로 약 100만 명의 순례자가 모여들지.

무함마드가 전한 알라의 계시는 경전인 《코란》에 정리되어 있어. 이슬람교도들에게 《코란》은 경전이자 역사서이며, 법전이면서 생활 지침서이기도 하단다.

이번 정거장에서 더 알아보기

'한 손에는 《코란》, 다른 한 손에는 칼'이라는 말의 유래

이 말은 이슬람교도들이 싸움을 좋아하고, 이슬람교도가 아닌 사람들은 죽였다는 뜻일까요? 그렇지 않아요. 이슬람교도들은 그들이 정복한 땅의 사람들에게도 너그러움을 베풀었고, 신앙의 자유도 인정했답니다.

이 말은 십자군 전쟁 때 나왔어요. 저녁이 되면 이슬람교도들이 한 손에 칼을 든 채 다른 한 손으로는 《코란》을 들고 읽은 데에서 생겨난 말이지요.

수준 높은 문화를 자랑한 이슬람

이슬람 제국은 아라비아 반도를 시작으로 이란과 이라크 쪽에 위치한 페르시아를 정복했어요. 또 시리아와 예루살렘을 넘어 아프리카 북부, 이베리아 반도까지 멀리 나아갔지요. 그러는 동안 뛰어난 이슬람 문화 또한 널리 전파되었어요.

당시 이슬람 사람들은 의학, 수학, 천문 등 자연 과학과 건축, 지리 분야에 놀랄 만한 지식을 가지고 있었어요. 이러한 이슬람의 문화는 800년에서 1200년에 사이에 가장 발전했답니다.

뿐만 아니라 이슬람 과학은 고대 중국과 인도의 동양 과학, 그리스의 서양 과학 모두를 다 받아들였어요. 그리고 이를 더욱 발전시켜 다시 서양으로 넘겨주었어요. 이로써 인류의 과학 발전에도 큰 역할을 했답니다.

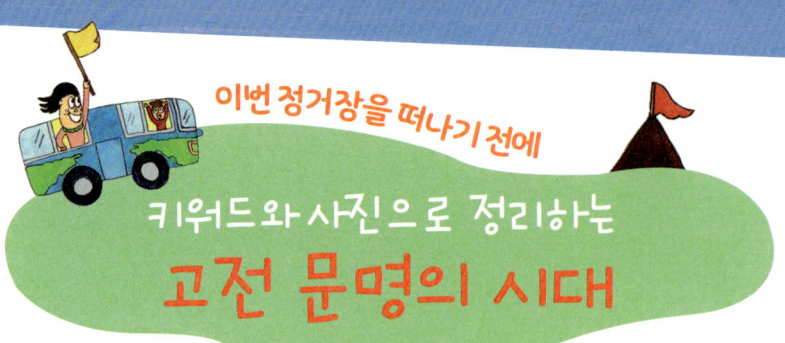

이번 정거장을 떠나기 전에
키워드와 사진으로 정리하는
고전 문명의 시대

◉ 중국 은나라의 존재를 알린 갑골 문자

갑골 문자

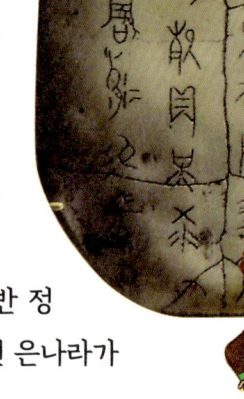

상형 문자로, 오늘날 한자로 발전했지.

1899년 중국 베이징에서는 예사롭지 않은 짐승의 뼈가 발견되었어요. 이상하게 생긴 글자가 빼곡히 새겨진 그 뼛조각은 은 왕조의 옛 도읍지였던 허난성 샤오툰 부근에서 나왔는데, 그 글을 자세히 연구해 보니 제사나 군사, 농사일 등에 대한 궁금증을 적은 것이었어요.
여기 쓰인 글자가 바로 갑골 문자예요. 은나라 사람들은 궁금한 것을 뼈에 글자로 새긴 뒤 점을 쳤대요.
갑골 문자는 지금까지 약 4,500자가 발견되었고, 그중 절반 정도가 해독되었답니다. 갑골 문자 덕분에 전설로만 전해졌던 은나라가 실제로 존재했다는 사실도 밝혀졌지요.

◉ 최강의 군대를 가졌던 스파르타와 민주주의를 탄생시켰던 아테네

아테나와 스파르타는 고대 그리스의 대표적인 두 도시 국가예요. 하지만 두 도시 국가는 매우 달랐어요. 먼저 스파르타는 모든 시민들에게 평생 동안 엄격한 군사 훈련을 시켰어요. 그래서 최강의 군대를 가질 수 있었지만 문화나 경제는 뒤떨어졌지요. 이와 달리 아테네는 세계 최초로 민주주의 제도를 실시한 비교적 평등한 사회였어요. 아테네 시민은 선거권을 가지고 투표를 할 수 있었지요.

◉ 번영을 누렸던 고대 로마의 화려한 모습

작은 도시 국가였던 로마는 정복 전쟁을 벌이고 상공업을 발달시켜 영토와 국력을 키워 갔어요. 로마가 발전하자 로마인들의 생활 역시 화려해졌지요. 고대 로마의 공중 목욕탕을 보면 이를 잘 알 수 있는데 목욕탕 안에는 호화로운 탈의실, 휴게실뿐만 아니라 도서관까지 있을 정도였어요. 부유한 로마 인들은 크고 멋진 집에서 자주 연회를 베풀었고, 원형 경기장에서 전차 경주나 검투사들의 경기를 보는 것을 즐기기도 했답니다.

콜로세움

고대 로마를 대표하는 건축물로 원형 경기장으로 사용되었어.

아시아와 지중해를 연결하던 무역로, 비단길

기원전 202년에 세워진 중국의 한나라는 북쪽의 흉노족들을 공격하면서 점차 서쪽 나라들의 사정을 알게 되었어요. 그리고 한나라가 마침내 파미르 고원 건너편까지 정복했고 한나라의 상인들은 지중해 지역까지 물건을 팔러 다니게 되었답니다. 중국과 서아시아, 지중해를 연결하는 교역로가 생기게 된 거지요. 이 교역로를 통해서 특히 중국의 비단이 서쪽 나라들로 많이 전해졌어요. 그래서 이 길을 비단길이라고 부르게 되었답니다.

그리스와 동양의 문화가 섞인 헬레니즘 문화

알렉산드로스 대왕의 제국은 오래가지 못하고 무너졌지만 이 지역에서는 그리스 문화와 페르시아(동방)의 문화가 활발하게 교류하면서 헬레니즘 문화가 새롭게 탄생했어요. 인간 중심의 헬레니즘 문화는 사람의 몸이 가진 아름다움과 감정을 솔직하게 표현한 당시 작품들을 통해 오늘날까지 느껴 볼 수 있답니다.

아프로디테 상(밀로의 비너스)
아름다운 인간의 육체를 표현한 헬레니즘 문화의 대표적인 작품이에요.

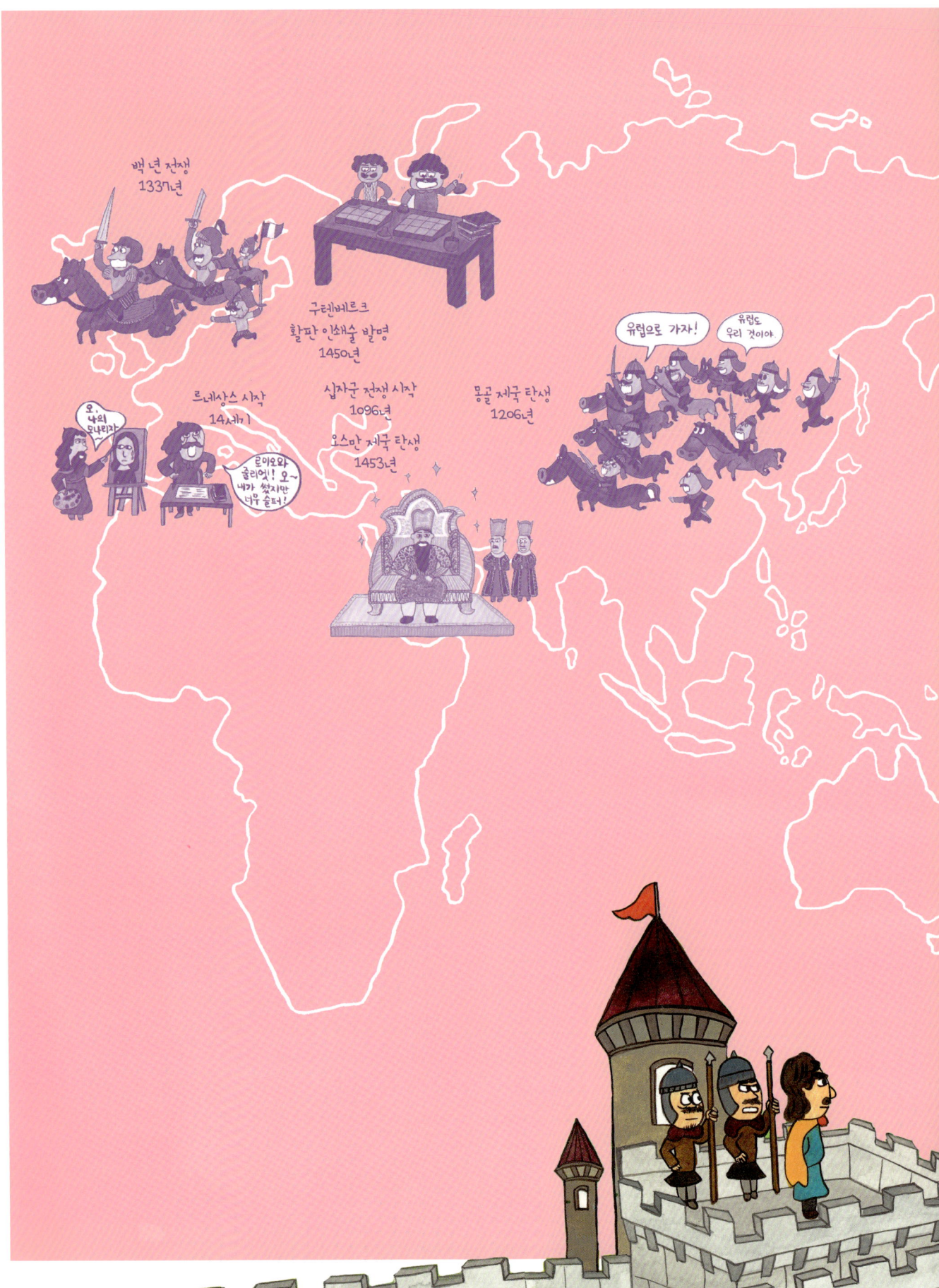

중세 시대와 르네상스

중세 유럽의 시작에서 몰락까지

11 봉건 제도가 생겨났어요

**10세기경
서유럽 봉건 사회의 형성**

대제국 로마가 멸망한 뒤 유럽에는 봉건 제도가 발달하게 된단다. 봉건 제도는 유럽이 외세의 침략을 받아 사회에 무질서와 혼란이 계속되면서 생겨나게 되었어.

나라가 혼란스러워지자 사람들은 자기 스스로 재산과 생명을 보호해야 했어. 힘 없는 사람들은 자기보다 힘 있는 사람들에게 보호를 요청하고 그 대가로 충성을 바쳤지. 이렇게 보호해 주는 사람과 충성을 바치는 사람의 관계(주종 관계)로 이루어진 것이 바로 봉건 제도란다. 그럼 봉건 제도가 발달했던 유럽의 중세 시대로 가 당시 사회 모습을 둘러볼까?

 당시의 귀족들은 '영주'라고 했어. 영주는 왕에게서 땅을 받고, 또 보호를 받는 대신 군사와 세금, 충성을 바쳤지. 그러니까 주종 관계에 있었던 거야. 이는 영주와 농민 사이에서도 마찬가지였어. 영주는 왕에게 받은 땅을 작게 나누어 농민들에게 빌려 주고 농사를 짓게 하고는 그 땅에서 거두어들인 작물의 일부를 세금으로 받았단다.

 이처럼 영주가 지배하던 일정한 지역을 '장원'이라고 해. 장원 내에서 왕을 대신해 막강한 권력을 가진 영주는 세금을 자기 마음대로 정했고, 스스로 재판관의 역할도 했어. 그러다 보니 부작용이 생겨났지. 아무 죄 없는 백성이라도 영주 마음대로 벌주거나 감옥에 보낼 수 있었던 거야.

뿐만 아니라 농민들은 가혹한 세금으로 고통받았어. 돼지를 키우면 돼지세, 결혼하면 결혼세, 죽으면 사망세, 길을 지나가면 통행세까지 영주가 제멋대로 정한 세금을 다 내야 했지. 농민들은 온종일 일에 매달려도 세금을 다 내기가 어려웠어. 그렇게 노동에 시달리던 농민들의 평균 수명은 보통 30~40세밖에 되지 않았대. 그래서 중세 농민들을 '농노'라고 불러. 반은 농민이고 반은 노예라는 뜻이지.

하지만 시간이 흐르면서 농업 생산은 점점 늘어났어. 그러자 남은 농산물을 사고파는 상인들이 생겨나고, 그들을 중심으로 시장과 도시도 만들어지기 시작했단다.

이때 등장한 상인은 농노와 달리 영주에게 매이지 않은 자유인이었어. 하지만 도시의 시장에서 물건을 사고파는 대가로 영주에게 세금을 냈지. 그러다가 도시가 더욱 커지자 영주의 간섭에서 완전히 벗어나 세력을 점점 더 키워 갔지. 상인들이 돈을 내고 영주로부터 도시의 자치권을 사거나, 힘으로 도시를 빼앗기도 했으니까.

도시에 사는 사람들은 영주에게 소속되지 않아 무엇보다 자유로웠어. 그러다 보니 나중에는 농노들까지 영주의 눈을 피해 도시로 몰려들게 돼. 이렇게 해 도시 사람들은 새로운 계급으로 성장해 간단다.

반대로 자기 땅에서 나는 것으로 자급자족했던 봉건 제도는 서서히 무너지게 되었지.

이번 정거장에서 더 알아보기

유럽 도시의 이름이 서로 비슷비슷한 까닭

유럽의 도시 이름을 잘 살펴보면 함부르크, 아우구스부르크 등 '부르크(burg)'라는 말이 붙어 있는 곳이 많아요. 이 말은 독일어로 '성곽'이란 뜻이지요. 중세 도시는 거대한 성곽으로 둘러싸여 있었기 때문에 이런 이름이 붙었어요.

수공업자와 상인들의 조합, 길드

길드는 11~16세기 유럽에 도시와 시장이 만들어지면서 생겨났어요. 수공업자나 상인들이 서로의 이익을 보호하기 위해 만든 조합이지요. 길드의 조합원들은 같은 거리에 모여 살면서 그들의 이익을 위해 파는 상품의 질이나 가격, 생산량, 생산 방법까지 통제했답니다.

이처럼 길드는 시장에서 조합원들의 권리와 이익을 높여 주고 국가의 간섭을 막는 역할을 했지만, 독점 조합이었기 때문에 가격을 높이고 물건의 질을 떨어뜨리는 부작용도 있었어요. 또 조합원들끼리 경쟁을 하지 않아 기술 발전이 더뎌지는 이유가 되기도 했지요.

12 교회가 막강한 힘을 가졌어요

**1077년
카노사의 굴욕과 교황권의 승리**

중세 유럽 사회는 봉건 제도와 또 한 가지 중요한 특징이 있어. 바로 교회의 힘이 무척 컸던 거야. 교회를 대표하는 교황의 힘도 막강해서 교황 앞에서는 한 나라의 황제도 어쩌지 못할 정도였어. 중세 유럽에서 교회가 이토록 큰 힘을 갖게 된 이유는 무엇이었을까? 그걸 알아보려면 1077년에 있었던 한 사건으로 거슬러 올라가야 해. 함께 떠나 볼까?

교황 자리에 오른 그레고리우스 7세는 부정부패로 얼룩진 교회를 새롭게 하기 위해서 성직 임명권을 교황이 갖겠다고 발표했어. 성직 임명권은 말 그대로 교회에서 일하는 성직자를 뽑는 권한인데, 그때까지

는 성직 임명권을 왕이나 제후가 가지고 있었단다.

그러자 신성 로마 제국의 황제인 하인리히 4세가 발끈하고 나섰어. 성직 임명권을 교황에게 넘겨주었다가는 교회를 더 이상 자기 마음대로 할 수 없을 테니 말이야. 그래서 하인리히 4세는 보름스라는 곳에서 제국 의회를 열고 그레고리우스 7세를 교황 자리에서 내쫓겠다는 결의안을 통과시켰단다. 그러자 그레고리우스 7세도 화가 났어. 그는 하인리히 4세가 더 이상 크리스트교도가 아니라고 파문하고는 황제로 인정하지 않았지.

일이 이렇게 되자 사람들은 하나둘 황제 자리에서 쫓겨난 하인리히

카노사성의 하인리히 4세
하인리히 4세가 카노사성을 찾아가 용서를 비는 모습을 그린 그림이에요.

한겨울인데, 맨발로! 발 시리겠다!

4세에게서 등을 돌렸어. 사정이 어려워진 하인리히 4세는 결국 교황에게 사과를 하기로 마음먹고는 추운 겨울 교황을 만나러 이탈리아 북쪽의 카노사성을 찾아갔지.

하지만 교황은 하인리히 4세를 만나 주지 않았어. 황제는 맨발로 눈 속에 서서 3일 밤낮을 눈물로 용서를 빌어야 했단다. 그제야 교황은 황제를 만나 주었고, 교회에 복종할 것을 약속 받은 다음에야 그를 용서했어. 이 사건을 '카노사의 굴욕'이라고 해. 교황의 완전한 승리였지.

하지만 교황과 황제의 이 싸움은 뒷날 1대 1 무승부로 마무리된단다. 어떻게 된 일이냐고? 1080년에 그레고리우스 7세는 다시 하인리히 4세를 황제 자리에서 내쫓았어. 하지만 이번에는 하인리히 4세도 만만치 않았어. 자신의 지지자들을 모아 그레고리우스 7세를 내쫓고 클레멘스 3세를 새 교황으로 뽑더니, 2년 뒤에는 군대를 끌고 로마로 쳐들어가 새 교황의 취임에 대해 교황청의 승인까지 받았지. 눈물을 삼킨 채 쫓겨난 그레고리우스 7세는 3년 뒤 세상을 떠났단다.

결국 교황이 지고 말았지만 이 모든 것은 나라나 황제보다도 더 높았던 중세 교회의 힘과 교황의 엄청난 권위를 보여 주는 사건들이었어.

이번 정거장에서 더 알아보기

황제와 교황의 싸움을 가져온 성직 임명권

성직 임명권은 신부, 대주교, 주교, 수도자 등 성직자를 임명할 수 있는 권한이에요. 당시 성직자는 큰 권력과 함께 교회와 땅까지 가질 수 있었기 때문에 보통 나라의 권력자들이 직접 성직자를 뽑았답니다.

교황 그레고리우스 7세는 교회 개혁 운동을 벌이며 이 성직 임명권도 완전히 교회로 가져오려고 했어요. 그래서 결국 황제와 대립하게 되었지요.

왕권이 강해지게 된 사건인 아비뇽 유수

카노사의 굴욕 사건으로 왕권이 약해졌다면, 반대로 왕권이 강해진 것을 보여 준 대표적인 사건은 아비뇽 유수예요. '유수'라는 말은 잡아 가둔다는 뜻이지요. 1303년, 프랑스의 왕 필리프 4세는 교황 보니파티우스 8세와 대립하고 있었어요. 그러던 어느 날 프랑스 군대가 별장에 있던 교황을 공격하면서 교황의 권위를 위협해요. 이어서 1305년 새로 교황에 오른 클레멘스 5세도 프랑스 왕의 간섭을 받아야 했지요.

뿐만 아니라 필리프 4세는 교황청을 로마에서 프랑스 남부인 아비뇽으로 옮기기까지 했어요. 이것이 바로 '아비뇽 유수'예요. 이 일로 교황의 권위는 더욱 약해졌답니다.

13 십자군 전쟁이 시작되었어요

**1096년
십자군 전쟁의 시작**

11세기 중세 유럽이 안정을 찾아갈 무렵이었어. 그러나 이때 무려 200년이나 지속된 전쟁이 일어난단다. 바로 크리스트교를 내세워 벌어진 십자군 전쟁이었지. 평화를 사랑하는 종교인데 왜 전쟁이 일어나게 되었을까? 버스를 타고 그곳에 가 보자!

예수가 태어난 곳인 예루살렘은 크리스트교의 중요한 성지야. 그런데 11세기에 이슬람 세계가 이곳을 점령하고 말지. 하지만 유럽의 크리스트교도들은 이곳을 계속 순례하러 왔고, 이슬람교도들은 크리스트교 순례자들이 이곳을 찾는 것을 허락했어. 하지만 그 뒤 셀주크 튀르크족이 이슬람을 받아들이면서 이란과 팔레스타인, 소아시아에 이르는 대

64

제국을 세우게 되는데, 그때부터 크리스트교도들이 예루살렘에 오는 것을 막았단다.

그러자 동로마 제국의 황제인 알렉시우스 1세는 교황에게 도움을 청했어. 당시 교황 우르바노 2세는 동로마 제국과 사이가 좋지 않았단다. 그래서 이번 기회에 동로마 제국을 도와주고 교황권을 동로마 제국까지 넓히면 좋겠다는 생각을 했지. 그는 클레르몽에서 회의를 열고는 중요한 성지 예루살렘을 되찾기 위해 모든 크리스트교도들을 불러 모아 성스러운 전쟁을 시작하자고 했어.

교황은 이 전쟁이 하느님의 뜻이라고 외쳤지. 또 이슬람 땅에는 금은

십자군 기사상

가슴에 십자가가 그려져 있네.

보화가 넘쳐 난다고도 했어. 이때 교황의 연설에 감동한 수천 명의 사람들과 기사들은 십자군을 구성해 1096년 예루살렘을 향해 출발했어. 그리고 3년 뒤 마침내 예루살렘을 빼앗는 데 성공했지.

하지만 십자군들은 이슬람 사람이면 남녀노소를 가리지 않고 모두 죽였고, 살아남은 사람은 노예로 팔아 버리는 등 매우 잔인한 모습을 보였단다. 당시 전쟁이 얼마나 참혹했는지 피가 강이 되어 흐르고, 시체는 산을 이룰 정도였어. 이것이 바로 제1차 십자군 전쟁이야.

그 뒤 셀주크 튀르크족 역시 힘을 모아 1144년 십자군을 공격했어. 십자군은 이번에는 지고 말았어. 그 뒤 약 200년간 8번에 걸쳐 전쟁이 계속되었지만 십자군은 제1차 전쟁을 빼고는 모두 졌어. 또한 십자군들은 나중에는 성지를 되찾는 것보다는 돈과 전리품에 눈이 멀어 약탈과 나쁜 행동을 일삼았지.

이 전쟁으로 고통받은 유럽 사람들은 더 이상 교회와 교황의 권위를 인정하지 않게 되었어. 십자군 전쟁의 비용을 대던 영주와 전쟁에 참가했던 기사들이 몰락하면서 유럽의 봉건 제도도 흔들리기 시작했지.

십자군 전쟁은 4백여 년 동안 잘 지내 오던 크리스트교와 이슬람교를 서로 원수로 만들었어. 하지만 동서 간에 무역을 일으키고, 이슬람 문화가 유럽 지역에 퍼지게 하는 계기가 되기도 했단다.

'십자군'이라는 이름의 의미

십자군 전쟁이 일어났을 때 교황의 군사들은 모두 등과 가슴에 붉은 십자 표시를 달았다고 해요. 그래서 십자군이라고 불렸지요. 이처럼 처음에 십자군은 종교적인 열정에 가득 찬 마음으로 예루살렘으로 향했어요. 하지만 전쟁이 오래될수록 성지를 되찾겠다는 목적은 희미해지고 잔혹한 살인과 약탈만을 일삼았어요. 당시 십자군에는 기사뿐 아니라 전쟁 경험이 없던 농민과 상인들도 많았다고 해요.

평화를 사랑한 이슬람의 통치자 살라딘

이집트의 통치자였던 살라딘은 제2차 십자군 전쟁에 참여해 십자군에게 빼앗겼던 예루살렘을 다시 찾았어요. 그러자 크리스트교도들은 공포에 떨었답니다. 제1차 십자군 전쟁에서 자신들이 저질렀던 끔찍한 일들로 복수를 당할 거라고 생각했거든요. 그러나 살라딘은 크리스트교도들에게 복수하지 않았어요. 오히려 복수심에 불타는 부하들을 말렸지요.

그는 크리스트교도들이 모두 일정한 세금만 내면 예루살렘을 떠날 수 있도록 했답니다. 원수를 용서하는 모습을 보여 준 살라딘은 이슬람에서는 물론 유럽에서도 큰 존경을 받았어요.

14 칭기즈 칸이 몽골을 통일했어요

**1206년
칭기즈 칸의 대제국 건설**

신성 로마 제국

비잔틴 제국

헉! 칭기즈칸이 오고 있다!!!

　자, 이제 유럽을 떠나 다시 아시아로 가 볼까? 이번 정거장은 몽골 제국이야. 13세기는 몽골족의 시대라고 할 정도로 몽골족은 세계 역사상 가장 넓은 땅을 차지하며 엄청난 세력을 떨쳤지. 몽골의 땅은 아시아에서 시작해 유럽까지 이어졌어. 이 거대한 제국을 이룬 인물이 칭기즈 칸이라고 불린 테무친이야. 버스에서 내려 그를 만나러 가자!

　몽골 유목민들 중 한 부족의 우두머리였던 테무친은 우여곡절 끝에 1206년 유목민의 대표 자리인 칸에 올랐어. 이때부터 그는 칭기즈 칸으로 불렸지. 칭기즈 칸은 '강력한 힘을 가진 군주'라는 뜻이야.

　칭기즈 칸은 몽골 부족들을 모두 통일한 다음 주변 지역을 정복해 나가기 시작했어. 먼저 서요와 서하를 정복했고 이어 만주와 중국 북쪽을 지배하던 금나라로 쳐들어갔어. 그 뒤에는 중앙아시아까지 뻗어 나갔지.

　당시 이 지역에는 이슬람교를 믿는 나라인 호라즘이 자리하고 있었어. 그러나 호라즘의 군대는 여러 인종을 모아 만든 용병이었기 때문에 칭기즈 칸의 강력한 기마 부대와는 비교가 되지 않았어. 1219년 칭기즈 칸은 중앙아시아의 도시 사마르칸트를 닷새 만에 무너뜨렸단다.

　칭기즈 칸의 군대는 기강이 엄한 데다 정복지의 귀족들은 물론 자신

칭기즈 칸의 아들 오고타이
오고타이가 가운데 앉아 다른 나라의 사신들과 이야기하고 있어요.

들에게 반대하는 사람들은 몽땅 죽여 버렸어. 그러한 잔인함에 사람들은 칭기즈 칸의 이름만 들어도 벌벌 떨 정도였지.

그 뒤 칭기즈 칸은 페르시아와 남러시아까지 진출했단다. 불과 20년 만에 유럽 동쪽 지역까지 점령하게 된 거야. 그야말로 대제국이었지.

하지만 1223년까지 정복 전쟁을 계속하던 그는 병사들이 점점 지치고 날씨마저 더워 고향으로 돌아왔어. 그리고 3년 뒤 다시 서하 정벌에 나섰다가 병을 얻고 말았지. 그는 셋째 아들 오고타이에게 칸의 자리를 물려주고서는 숨을 거두었단다. 그리고 대제국은 네 아들이 오고타이한국, 일한국, 킵차크한국, 차가타이한국으로 나누어 가지게 되었어.

하지만 새로운 칸이 된 오고타이가 일찍 세상을 떠나면서 큰 혼란이 생겼어. 그러다 칭기즈 칸의 막내 아들 툴루이의 셋째 아들인 쿠빌라이가 칸이 되면서 다시 안정을 찾았지. 쿠빌라이는 수도를 북경으로 옮기고 나라 이름을 '원'으로 고친단다. 그리고 자신의 할아버지 칭기즈 칸을 원나라를 세운 태조로 높여 부르게 했지.

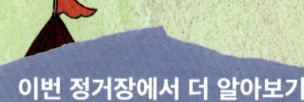
이번 정거장에서 더 알아보기

몽골이 넓은 땅을 정복할 수 있었던 이유

몽골 사람들은 대부분 유목민들이었기 때문에 세계 어느 민족보다 말을 잘 탔답니다. 또 말에 각자 먹을거리를 챙겨 가지고 다녔기 때문에 이동이 빨랐고, 보급 부대도 따로 필요가 없었어요.
이렇게 기동성이 뛰어난 몽골 군대 앞에 무거운 갑옷을 입은 유럽의 군사들은 상대가 될 수 없었지요. 또한 몽골은 금나라에서 배운 화약 제조 기술을 전쟁 때 적극적으로 활용했고, 투석기와 수레를 이용한 싸움에도 뛰어났답니다.

동서 문화 교류를 가능하게 한 몽골의 역원제

몽골은 넓은 땅을 잘 운영할 수 있도록 곳곳에 역과 원을 두고 잠자리와 말을 제공했어요. 이것을 '역원제'라고 하지요. 이동을 편리하게 한 이 정책 덕분에 동쪽 나라의 많은 문물이 서쪽 나라로 전해질 수 있었어요. 중국의 비단과 차, 도자기, 화약과 나침반도 이 시기 유럽에 전해졌어요.
또한 유럽 사람들은 이렇게 전래된 나침반 덕분에 뒷날 바다를 통해 널리 여행할 수 있었어요. 1271년 마르코 폴로라는 사람은 이탈리아를 떠나 중국 베이징과 몽골 제국을 여행하고 쿠빌라이 칸을 만난 뒤 《동방견문록》이라는 책을 쓰기도 했답니다.

15 백 년 전쟁이 일어났어요

**1337년
영국과 프랑스의 백 년 전쟁 시작**

　우리 버스는 다시 유럽으로 돌아왔어. 그런데 유럽의 대표적인 두 나라 영국과 프랑스가 전쟁을 벌이고 있네! 무슨 일인지 함께 가 볼까?

　이 전쟁은 왕위 계승권을 둘러싸고 두 나라 사이에 벌어진 기나긴 싸움이었어. 약 백 년 동안이나 계속되었다고 해서 '백 년 전쟁'으로 이름 붙여졌지. 그런데 이 전쟁은 왜 일어났을까?

　1328년 프랑스 카페 왕조의 샤를 4세가 후계자 없이 세상을 떠나자 샤를 4세의 사촌인 발루아 가문의 필리프 6세가 왕위에 올랐어. 그러자 당시 영국의 국왕이던 에드워드 3세는 자신의 어머니가 샤를 4세의

누이라는 점을 들며 자신의 어머니가 왕위를 이어야 한다고 주장했어. 그러면서 자신의 주장을 기어이 이루기 위해 프랑스 왕이 지배하던 모직물 공업 지대인 플랑드르에 수출하던 양모를 더 이상 보내지 않기로 했단다.

그러자 프랑스도 가만있지 않았어. 프랑스의 필리프 6세는 영국 영토 안에 있는 포도주 생산지인 기엔 지방을 강제로 빼앗고, 플랑드르에는 군대를 보냈어. 그래서 결국 전쟁이 일어나고 말았지.

전쟁 기간이 백 년이기는 하지만 실제 전투가 일어난 적은 그리 많지는 않았어. 또 전투마다 대부분 영국이 승리했지. 전쟁 기간 동안 양쪽

잔 다르크 기마상
프랑스 파리의 한 광장에 늠름한 모습으로 세워져 있어요.

> 17살에 나라를 구하기 위해 나서다니! 정말 용감하다!

나라의 왕도 여러 번 바뀌었어. 특히 프랑스는 계속되는 패배에 나라 안에서는 농민 반란, 흑사병, 귀족들의 싸움까지 일어나 많은 어려움을 겪었어. 마침내 영국은 프랑스의 샤를 6세가 세상을 떠난 뒤 오를레앙 지역을 포위할 수 있었어. 영국은 이곳만 점령하면 프랑스 전체를 영국의 손에 넣을 수 있었단다.

이렇게 영국에 유리한 상황이 되자 한 소녀가 등장했어. 바로 잔 다르크야. 프랑스의 시골 마을에서 태어난 그녀는 13세가 되던 어느 날 하늘에서 프랑스를 지키라는 목소리를 듣게 되었다고 해. 물론 사람들은 이 말을 믿지 않았지. 하지만 잔 다르크는 자신에게 군대를 준다면 오를레앙을 지키겠다고 굳게 다짐했어.

마침내 잔 다르크는 17세에 군인이 되어 전투에 참가했지. 사람들은 하늘의 계시를 받은 이 소녀가 오를레앙을 구할 거라는 소식을 듣고 마지막으로 사기를 불태웠어. 그러고는 마침내 승리를 거두지.

그러나 잔 다르크는 이어 다른 전투에 나갔다가 영국군의 포로가 되어 결국 화형당하고 말아. 하지만 그녀의 죽음으로 자극받은 프랑스 사람들은 영국을 몰아냈고, 길고 길었던 싸움도 끝이 났단다.

 이번 정거장에서 더 알아보기

백 년 전쟁이 미친 영향

백 년 전쟁이 끝나고 영국과 프랑스는 모두 큰 변화를 겪게 돼요. 먼저 봉건 제도가 무너지고 왕권이 강화되었지요. 농민들이 도시로 몰려들면서 산업과 경제도 크게 발전했어요. 여기서 돈을 벌어 힘을 갖게 된 사람들은 '부르주아'라는 새 계층으로 성장하고요.

전쟁에서 진 영국은 나라 밖으로 힘을 넓히기보다는 나라 안 발전에 치중해 중앙 집권 체제를 갖추었어요. 이외에도 사람들이 국가에 대한 애국심을 가지게 되어 근대적인 민족 국가가 탄생되는 데 한걸음 다가섰지요.

프랑스를 구한 잔 다르크(1412 ~ 1431)

프랑스의 작은 농촌 마을에서 태어난 잔 다르크는 어릴 때부터 독실한 신앙심을 가지고 있었어요. 백 년 전쟁이 한창이던 어느 날 잔 다르크는 "나가서 프랑스를 구하라."는 천사의 음성을 듣지요. 마침내 잔 다르크는 군대를 이끌고 오를레앙에서 승리를 거두었고, 프랑스가 영국을 물리칠 수 있는 계기를 만들었어요.

잔 다르크가 세상을 떠난 뒤에도 백 년 전쟁은 22년이나 계속되었지만 그녀는 위기의 프랑스를 구한 영웅이 되었답니다. 로마 교황청은 1920년 잔 다르크를 성녀로 추대하기도 했어요.

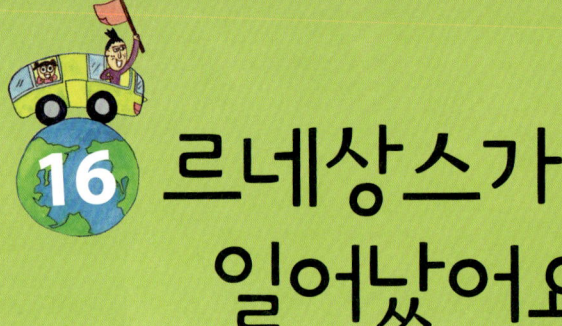

16 르네상스가 일어났어요

**14세기에서부터 16세기까지
르네상스의 시작과 전파**

'르네상스'라는 말을 많이 들어 본 적 있지? 프랑스 어인 이 말은 '부흥' 또는 '재생'이라는 뜻을 갖고 있어. 무엇을 부흥하고 재생한다는 것일까? 중세 유럽은 교회가 사람들의 세계관을 지배하면서 신만을 중요하게 생각했단다. 그러다 보니 다른 학문을 연구하거나 다양한 활동을 하는 데 많은 제약이 있었지.

중세의 봉건 제도와 교회에 오랫동안 억눌려 있던 사람들은 이제 신 중심의 생각을 버리고 자유롭게 개성을 발휘하고 인간을 중심으로 생각하기로 마음먹었단다. 그렇게 해 벌어진 문화 운동이 바로 르네상스야. 르네상스는 사상뿐만 아니라 문학, 미술, 건축 등 여러 방면에 걸쳐

두루 일어났지. 이러한 활동을 통해 사람들은 화려하고 아름다우면서도 인간적이었던 고대 그리스와 로마의 문화를 되살리려고 했어. 그럼 활기로 가득 차게 된 유럽, 먼저 이탈리아로 버스를 타고 떠나 보자!

 르네상스는 14세기 이탈리아에서 처음 시작되었어. 이탈리아에서 먼저 시작된 이유가 뭘까? 이탈리아는 십자군 전쟁이 끝나면서부터 도시와 상업이 발달해 시민 계층이 성장하고 있었어. 또 이곳은 동서 문물이 만나는 지역이어서 다양한 생각들이 자리할 수 있었지. 뿐만 아니라 고대 로마의 화려했던 문화유산이 고스란히 남아 있는 곳이기도 해서 사람들은 이곳 이탈리아에서 다시 한 번 고대 로마의 영광을

이탈리아 피렌체
르네상스가 처음으로 꽃핀 아름다운 도시예요.

맞고 싶어 했어.

특히 이탈리아 피렌체에 있던 메디치 가문은 르네상스 운동에 많은 후원을 했어. 메디치 가문은 모직물업과 금융업을 하면서 큰 부를 쌓았는데, 이를 바탕으로 예술가들을 지원했지. 수많은 예술가가 피렌체로 몰려들었고, 덕분에 피렌체는 예술의 중심지가 되었어.

르네상스 시대에는 뛰어난 예술가들과 학자들이 많이 나왔어. 뛰어난 그림과 조각, 건축물도 많이 만들어졌단다. 레오나르도 다빈치나 마키아벨리, 미켈란젤로, 라파엘로, 보카치오, 보티첼리 등이 모두 이 시대 인물이야. 이들은 '자유로운 인간'을 주제로 한 조각과 그림, 문학 작품들을 남겼어. 또 세르반테스와 셰익스피어 등은 귀족이 쓰던 라틴어를 버리고 자기 나라 말로 작품을 썼단다.

르네상스로 오랜 중세 시대는 막을 내리고 근대가 시작되었어. 또 르네상스는 16세기까지 유럽 각지로 널리 퍼져 나갔단다.

이번 정거장에서 더 알아보기

르네상스 문화의 특징

르네상스 건축은 고대 로마 건축물을 본뜬 것이 많아요. 전체적인 조화와 넓은 공간을 살리고 수학적인 비례를 중요시한 것이 특징이지요. 대표적인 건축물로는 피렌체의 '산타 마리아 델 피오레' 대성당이 있어요.

조각에서는 인체의 생동감을 살린 작품이 많은데 미켈란젤로의 '다비드' 조각상이 대표적이지요.

회화에서는 원근법을 사용했어요. 원근법은 가까운 것은 크게, 멀리 있는 것은 작게 그리는 기법으로 르네상스 때에 처음 사용되었답니다. 덕분에 그 뒤로는 입체감이 넘치는 그림들이 많이 탄생했지요. 대표작으로는 보티첼리의 '비너스의 탄생'이 있어요.

르네상스 시대의 거장, 레오나르도 다빈치(1452 ~ 1519)

천재적 미술가이자 과학자, 기술자, 사상가예요. 피렌체 근교 지역인 빈치에서 태어나 어릴 때부터 그림 그리기를 좋아했어요. 그러다 1466년 피렌체로 가 본격적으로 그림을 배웠지요. 그 뒤 그는 17년 동안 밀라노에서 '모나리자', '최후의 만찬' 등을 그렸답니다. 또 말년에는 그림보다는 인체를 연구해 해부학 분야에서 큰 업적을 남겼어요. 이외에도 천문학, 물리학, 지리학, 토목학, 조병학, 생물학 등 다양한 분야를 연구한 천재로, 르네상스 시대의 거장으로 불려요.

17 활판 인쇄술이 발명되었어요

**1450년
구텐베르크의 활판 인쇄술 발명**

오늘날 책은 어디에서나 볼 수 있는 아주 흔한 물건이야. 하지만 1500년대만 해도 그렇지 않았지. 그때로 버스를 타고 여행을 떠나 볼까?

당시 책은 귀족들이나 교회 사제들만 볼 수 있는 귀한 물건이었어. 왜냐고? 책을 지금처럼 여러 권 찍어 내는 게 아니라 펜으로 일일이 책 전체를 옮겨 적어 한 권씩 만들었거든. 수도원의 수도사들은 아침에 일찍 일어나 기도를 한 다음 책 공방에 들어가 온종일 필사 작업을 했어. 그렇게 어렵게 만들다 보니 책값 역시 어마어마했지. 당시 어떤 기록을 보면 성경 한 권을 사기 위해 포도밭을 내놓기까지 했을 정도

구텐베르크(1398~1468)
독일의 활판 인쇄 발명자예요.
활자를 만들고 인쇄기를 발명해
1455년경 《성서》를 출판했어요.

야.

그랬던 책이 지금처럼 흔한 물건이 되기까지는 독일의 구텐베르크의 공이 크단다. 구텐베르크는 활판 인쇄술을 통해 책을 한꺼번에 많이 찍어 낼 수 있도록 했어. 활판 인쇄술은 금속 활자들을 모아 인쇄용 판을 만들고 그 판으로 인쇄하는 것을 말해.

그런데 놀라운 건 이때 쓰이는 금속 활자를 구텐베르크보다 우리나라에서 200여 년 더 빠르게 발명했다는 거야. 우리나라는 금속 활자로 1234년에 이미 《상정고금예문》을 찍었다는 기록이 있고, 1377년에 인쇄한 《불조직지심체요절》도 있단다. 그래서 금속 활자의 발명은 독일이 아니라 우리나라가 최초라고 할 수 있어.

하지만 구텐베르크는 금속 활자를 만든 것은 물론 프레스라는 기계를 이용해 오늘날의 것과 가까운 완성도 높은 인쇄기까지 만들어 냈어. 또 여러 가지 색깔의 잉크도 개발해 컬러 인쇄가 가능하도록 했지. 이처럼 그는 혁신적인 인쇄술을 완성한 사람이야.

그때까지 사용하던 목판은 나무에 한꺼번에 새겼기 때문에 한 판으로 한 가지 책을 찍으면 그걸로 끝이었어. 하지만 구텐베르크의 금속 활자로 된 활판은 한 글자 한 글자 떼어 내서 다시 사용할 수 있었어. 틀린 글자가 나와도 그 글자만 들어내고 갈아 끼우면 되었기 때문에 시간과 비용이 절약되었고, 활자를 다르게 배치하면 다른 내용의 책도 찍을 수 있었단다. 당시 구텐베르크의 기계로는 일주일에 약 500권의 책을 인쇄할 수 있었다고 해.

구텐베르크는 자신의 인쇄술로 가장 먼저 《성서》를 찍었어. 라틴어로 쓰인 이 성서는 42줄로 되어 있어서 《42행 성서》라고 불린단다. 덕분에 사람들은 이전처럼 교회 사제의 말을 통해서만 《성서》를 접하는 게 아니라 스스로 보고 읽을 수 있게 되었어.

인쇄술의 발달로 책과 거기에 담긴 지식은 유럽 전역으로 빠르게 퍼져 나갔고, 뒷날 종교 개혁을 일으키는 원동력이 되었단다.

구텐베르크의 《성서》
구텐베르크의 인쇄기로 인쇄해 낸 《성서》예요.

이번 정거장에서 더 알아보기

한때의 유행이 되고 만 동양의 활판 인쇄술

우리나라는 금속 활자를 가장 먼저 만들기는 했지만 여러 장이 아니라 한 장씩 인쇄할 뿐이었어요. 중국도 비슷한 상황이었지요. 이와 반대로 구텐베르크는 활자는 물론 인쇄기를 만들고, 활판 인쇄에 필요한 종이와 잉크를 선택하는 데에도 많은 주의를 기울였어요.

이처럼 구텐베르크가 발명한 것은 하나의 기술이 아니라 여러 가지 기술이 결합된 일종의 시스템이었답니다. 게다가 알파벳은 26자뿐이었기 때문에 활판 인쇄술이 더욱 빨리 자리 잡을 수 있었어요. 이처럼 서양의 활판 인쇄술은 쉽게 대량 생산의 길에 접어든 반면, 동양에서는 한때의 유행이 되어 버렸지요.

인류의 중요한 100가지 발명 중 1위, 인쇄

초기 인쇄는 사물의 요철(오목함과 볼록함)을 이용해서 탁본처럼 찍어 내는 정도였어요. 그 뒤 목판이 발명되면서 책 전체 내용을 목판에 새겨 찍어 내는 방식이 널리 퍼졌지요. 세계에서 가장 오래된 목판 인쇄물로는 우리나라 신라 때 만들어진 것으로 추정되는 《무구정광대다라니경》이 있어요.

하지만 목판은 한 글자만 잘못되어도 판을 다시 파야 하고, 다른 책으로 다시 활용할 수도 없었지요. 또 나무이다 보니 보관도 쉽지 않았어요. 그래서 금속 활자가 발명되었고 구텐베르크의 인쇄술과 함께 전 세계로 퍼져 나갔지요.

이러한 인쇄 기술은 지난 천 년간 인류의 중요한 100가지 발명 중 1위를 차지할 만큼 인류에게 큰 영향을 끼쳤어요.

18 비잔틴 제국이 몰락했어요

1453년
비잔틴 제국의 멸망과 오스만 제국의 발전

　이번 정거장은 다시 로마의 비잔틴 제국이란다. 서로마 제국이 멸망한 뒤 홀로 남았던 동로마 제국이 바로 비잔틴 제국이지. 자, 지금쯤 어떤 모습이 되었을지 궁금하다면 우리 버스에서 내려 볼까?

　330년에 로마 제국의 황제인 콘스탄티누스는 수도를 로마에서 콘스탄티노플(지금의 터키 이스탄불)로 옮겼다고 했지? 이렇게 해서 로마는 동과 서로 갈라졌어. 그 뒤 서로마 제국은 금방 멸망했지만 동로마 제국, 그러니까 비잔틴 제국은 천 년 동안 고대 그리스 문화를 보존하고 로마의 정통성을 지키면서 발전했단다.

　수도인 콘스탄티노플은 무역으로 번성했고, 유럽에서 인구가 가장 많은 도시가 되었어. 또 비단을 만들어 유럽에 수출하면서 더욱 유명세를 떨쳤단다.

　하지만 화려하게 번성하면 비잔틴 제국도 점점 쇠퇴의 길을 걷기 시작했어. 1204년 십자군 전쟁 때 십자군에게 점령되면서부터였지. 1261년 팔라이올로구스 가문의 미카엘 8세는 십자군에게서 수도 콘스탄티노플을 다시 되찾았어. 하지만 비잔틴 제국의 불안은 가시지 않았단다. 나라 안은 왕의 후계자 문제로 복잡했고, 나라 밖으로는 주변 국가들이 호시탐탐 비잔틴 제국의 땅을 노리고 있었거든.

그리고 급기야 오스만 튀르크족이 비잔틴 제국을 크게 위협했어. 다급해진 비잔틴 제국은 교황청에 지원군을 요청했지. 하지만 교황 역시 이렇다 할 큰 힘을 갖지 못하고 있는 상태였어.

그러면 비잔틴 제국을 위협했던 오스만 튀르크족은 누굴까? '돌궐'이라고 들어본 적 있지? 우리나라 역사에도 등장하는 돌궐이 바로 튀르크족들이란다. 1037년 셀주크 튀르크가 여러 튀르크족을 통일했는데, 오스만 튀르크는 1299년 오스만 1세가 여기서 독립해 세운 나라야. 그들은 이미 8세기경부터 이슬람교를 받아들이기 시작했단다.

오스만 튀르크족은 비잔틴 제국의 수도 콘스탄티노플을 에워싸고 콘스탄티누스 11세에게 항복하라고 했어. 하지만 비잔틴 제국이 항복하지 않자 공격을 시작했지. 비잔틴 제국은 전쟁 끝에 결국 1453년 1월 수도를 빼앗기고 말았어. 오스만 튀르크족은 비잔틴 제국의 상징이던 성 소피아 대성당에서 이슬람 의식을 치루고 비잔틴 제국이 멸망했음을 전 세계에 알렸단다. 이로써 비잔틴 제국과 크리스트교 문화는 막을 내리고 말아.

비잔틴 제국의 수도이자 상징이었던 콘스탄티노플을 차지한 메메트 2세는 이곳을 오스만 제국의 수도로 삼고 이름을 이스탄불로 바꾸었어. 그리고 주변 나라를 차례로 정복해 이슬람교를 전파하고 세력을 키웠지. 이들은 유럽과 지중해, 아프리카 북부에까지 세력을 뻗쳤고, 아시아와 유럽의 중개 무역으로 번성해 16세기에는 오스만 제국의 전성기를 이루었단다.

이번 정거장에서 더 알아보기

강대국이었지만 너그러웠던 오스만 제국

오스만 제국의 군사력은 대단했어요. 전투 기술도 매우 뛰어났지요. 이슬람교의 정신으로 똘똘 뭉친 오스만 제국의 군사들은 전투를 시작하기 전에 이슬람의 신 알라에게 기도를 드렸답니다. 또 오스만 제국은 다른 나라를 정복하더라도 그곳 사람들이 원하지 않으면 이슬람교로 개종시키지 않았어요. 이처럼 종교의 자유를 그대로 누릴 수 있게 해 주었기 때문에 이들은 많은 사람들에게 지지를 받았지요.

이슬람의 예술

오스만 제국의 전성기는 술레이만 1세 때였어요. 정치적으로 안정되고 풍요롭던 이 시기에 술레이만은 주변 지역을 정복할 때마다 '모스크'를 지었어요. 모스크는 커다란 둥근 지붕이 특징인 사원이에요. 모스크는 제왕의 권위와 이슬람교를 상징하는 것으로 오스만 제국이 남긴 가장 큰 건축 유산이지요.

또 '아라베스크 무늬'도 있어요. 이 무늬는 덩굴 식물이나 아라비아 문자의 모양을 다양하게 응용한 것으로 '아라비아 풍'이라고도 하며 양탄자나 모스크의 천장, 도자기 등 생활용품에도 쓰였지요.

이번 정거장을 떠나기 전에

키워드와 사진으로 정리하는
중세 시대와 르네상스

🎡 이슬람 문화의 상징, 모스크

천 년 역사를 자랑하던 비잔틴 제국(동로마 제국)은 결국 이슬람 세계의 공격을 받아 무너져요. 그리고 오스만 제국의 지배가 시작되면서 비잔틴 제국을 상징하던 도시 콘스탄티노플(지금의 터키 이스탄불)에도 이슬람의 문화가 들어오기 시작했어요.

그중 대표적인 이슬람 사원인 모스크는 주로 추상적이고 기하학적인 무늬로 장식을 하는 것이 특징인데, 이를 아라베스크 무늬라고 해요. 우상 숭배를 엄격하게 금지하는 이슬람의 교리 때문에 조각품이나 상징물 대신 무늬를 만들어 새기게 된 것이지요.

술탄 아흐메트 모스크
모스크는 둥근 지붕 모양의 돔이 있는 거대한 사원이에요. 모스크에 들어가면 네 벽면 중 한 벽면에 성지인 메카의 방향을 알려 주는 미흐라브가 있답니다.

중세 시대 계급을 나타낸 프랑스의 삽화로 왼쪽부터 성직자, 기사, 농민이 그려져 있어.

🎡 중세 시대의 세 신분

중세 시대는 크게 세 신분이 있었어요. 성직자와 기사, 농민이었지요.

성직자는 교회에 관련된 일을 하는 사람으로, 교황이 임명했으며 높은 지위를 보장받았어요. 기사는 자신들보다 힘이 강한 주군에게 복종을 맹세하고, 전쟁이 일어나면 주군을 위해 목숨을 걸고 싸웠지요. 전쟁이 없을 때는 사냥을 하거나 무술을 닦았고요. 또

한 자기 땅에서는 막강한 권력을 행사하는 영주가 되었지요. 농민은 영주의 땅 안에서 일을 하던 사람이에요. 마음대로 이사를 할 수 없었고, 평생 농사를 지으며 영주에게 세금을 바쳤지요.

교회에서 벗어난 학문의 전당, 대학

중세 시대에는 모든 학문의 중심이 교회와 수도원이었어요. 그러다가 12세기가 되면서 전문 지식인이 필요해지자 대학이 세워졌어요. 세계에서 가장 오래된 대학은 이탈리아의 볼로냐 대학이에요. 영국의 옥스포드 대학과 프랑스의 파리 대학도 비슷한 시기에 세워졌지요. 당시 대학생들은 오전에는 강의를 듣고 오후에는 토론을 하거나 공놀이, 사냥 등을 했답니다.

볼로냐 대학의 상징이야. 1088년부터 시작된 대학의 역사를 보여 줘.

영국 의회 정치의 기초를 마련한 대헌장(마그나 카르타)

대헌장(마그나 카르타)은 1215년 영국 국왕인 존 왕이 영국 귀족들의 특권을 인정한 문서로 영국 의회 정치의 기초가 된 것으로 평가받아요. 모두 64개조로 이루어진 이 문서에는 의회의 승인 없이는 세금을 물릴 수 없으며, 법에 의해서만 시민을 체포·구금할 수 있다는 등의 내용이 담겨져 있어요.

당시 시민들의 권리와 크게 관련 있는 내용은 아니지만 국왕조차도 다른 사람의 권리를 무시할 수 없게 정한 첫 번째 문서라는 점에서 의의가 있지요.

대헌장(마그나 카르타)
국왕의 권리를 제한하는 내용을 담은 문서로 뒤에 영국의 혁명이나 의회 정치에 영향을 주었어요.

미국 남북 전쟁
1861년

미국 탄생
1620년

콜럼버스 신대륙 발견
1492년

유럽의 발전과 근대 시대

대항해 시대부터 유럽 시민 혁명까지

19 콜럼버스가 아메리카에 도착했어요

**1492년
콜럼버스의 신대륙 발견**

콜럼버스라는 이름을 한 번쯤 들어 본 적 있겠지? 대서양을 항해해 아메리카에까지 다다랐던 탐험가 말이야. 우리도 콜럼버스를 따라 이번에는 바다로 향해 볼까?

이탈리아 제노바에서 태어난 콜럼버스는 서쪽 바다를 건너 동양을 꼭 탐험해 보고 싶었어. 그래서 에스파냐의 이사벨라 여왕을 찾아갔단다. 탐험에는 돈이 많이 드니까 여왕에게 후원자가 되어 달라고 부탁하기 위해서였어. 다행히 이사벨라 여왕은 그의 후원자가 되어 주었지.

1492년 8월, 드디어 콜럼버스는 이사벨라 여왕의 환송을 받으며 산타마리아호를 타고 출발했어. 산타마리아호 말고도 2척의 배가 함께

 떠났지. 이렇게 넓은 바다로 나아간 콜럼버스는 과연 동양에 도착했을까?

 에스파냐를 출발한 지 69일, 콜럼버스 일행은 어느 육지에 도착했단다. 콜럼버스는 이곳에 산살바도르라는 이름을 붙였지. 이 이름은 '성스러운 구세주'라는 뜻이야. 그는 이곳이 동양의 인도라고 믿고는 그때부터 이곳이 에스파냐 땅이라고 선포했어. 그러고는 원래 그곳에 살던 원주민 몇 명을 데리고 에스파냐로 다시 돌아왔단다.

 하지만 콜럼버스가 도착한 이곳은 동양의 인도가 아니었어. 그곳은 아메리카였지. 아메리카 대륙을 외지인이 찾은 것은 콜럼버스가 처음은 아니었어. 바이킹족이 일찍이 다녀간 적이 있거든. 하지만 콜럼버스의 아메리카 발견은 조금 다른 의미가 있었단다. 유럽에서 아메리카로 가는 가장 짧은 항로를 개척한 것이었거든. 콜럼버스의 항해를 시작으로 많은 사람들이 배를 타고 떠났어. 바로 대항해 시대가 열린 것이지.

콜럼버스는 그 다음 해에 더 많은 배와 선원을 데리고 아메리카로 가 본격적으로 그곳을 정복하기 시작했어. 원주민들을 노예로 잡아들이거나 금광에서 금을 캐도록 일을 시키는 등 그들을 약탈하기 시작한 거야.

콜럼버스의 뒤를 이어 많은 유럽 사람들이 대서양을 건넜어. 특히 에스파냐와 포르투갈 두 나라는 무역로를 서로 많이 차지하기 위해 치열한 경쟁을 벌였단다.

콜럼버스는 죽을 때까지 자신이 도착했던 아메리카가 동양의 인도라고 믿었대. 당시 사람들은 아메리카 대륙이 있다는 것조차 몰랐거든. 그래서 1400년대에 만들어진 지도를 보면 아메리카가 그려져 있지 않아.

그럼, 콜럼버스가 가지 못한 인도에 실제로 처음 도착한 유럽 사람은 누구였을까? 포르투갈 사람인 바스코 다 가마야. 그는 1498년 희망봉을 돌아 인도양을 건너 인도에 도착하는 데 성공했단다.

이번 정거장에서 더 알아보기

앞다투어 동양으로 떠난 유럽 사람들

르네상스 문화가 퍼지고 과학이 발달하면서 유럽 사람들은 지구가 둥글다는 것을 믿게 되었어요. 그래서 바다를 통해 동양으로 가 교류하고 싶어 했지요. 당시 동양의 물건들이 유럽에서 인기가 높았기 때문에 어떤 대가를 치르더라도 들여오고자 한 거예요. 일단 동양의 물건들을 가지고 오기만 하면 엄청난 이익을 챙길 수 있었으니까요. 또 크리스트교를 믿었던 유럽인들에게는 하느님의 말씀을 동양에 전파하겠다는 마음도 있었어요.

이러한 상황 속에서 항해를 할 수 있는 과학 기술이 발전하고 정부의 적극적인 후원까지 이루어지자 유럽 사람들은 앞다투어 동양으로 항해를 시작하게 된 것이랍니다.

에스파냐의 신대륙(아메리카 대륙) 정복

콜럼버스의 항해 뒤, 에스파냐 사람들도 신대륙을 향해 떠났어요. 금이나 비싼 향료를 얻을 수 있을 거라는 생각 때문이었지요. 1519년 에르난 코르테스는 지금의 멕시코 지역인 아스테카 제국의 수도 테노치티틀란으로 쳐들어가서 황제를 잡아 포로로 만들었어요. 그러고는 보물을 빼앗고 원주민들을 노예로 만들었어요.

또 1532년 프란시스코 피사로는 페루의 잉카 제국으로 쳐들어가 잉카의 지도자인 아타우알파를 납치하고 잉카 제국을 빼앗았어요. 그 뒤 에스파냐는 100여 년 동안 아메리카에서 수많은 금과 보석을 빼앗아 부유한 나라가 되었지요.

20 종교 개혁이 일어났어요

**1517년
루터의 종교 개혁**

교회는 반성하시오!

루터(1483~1546)
독일의 종교 개혁가예요. 교황청이 면죄부를 파는 데에 항의해 95개조 반박문을 발표하고 종교 개혁의 계기를 마련했어요.

르네상스를 거치면서 교회와 신이 중심이 되던 중세 시대는 끝이 났어. 그렇다면 교회는 그 뒤 어떻게 변화했을까? 그 변화 속으로 우리도 버스를 타고 함께 가 보자.

르네상스가 퍼져 나가기 시작하면서 사람들의 생각은 크게 변했어. 그리고 중요한 변화 중 하나가 바로 교회와 교황의 권위를 비판하기 시작한 거야. 당시 교회는 넓은 땅을 가지고 있는 데다 막강한 권력까지 누렸어. 또한 농민들을 마음대로 지배하거나 재산을 불리는 데에만 신경을 쓰며 교회가 해서는 안 되는 올바르지 못한 일들도 많이 저지르고 있었지.

그렇게 16세기에 들어서자 교회의 개혁을 주장하는 인물들이 등장하기 시작했어. 그중 대표적인 사람이 네덜란드 로테르담의 신학자인 에라스뮈스로 그는 교회의 도덕적이지 못한 행동을 비판했단다.

이처럼 교회 개혁의 목소리가 점점 높아지던 때, 마침내 한 사건이 터졌어. 독일 작은 마을의 수도사였던 마틴 루터가 비텐베르크 교회의 정문 앞에 95개조 반박문을 붙인 거야. 여기에는 면죄부(벌을 면하게 하는 증서) 판매를 비판하는 내용이 담겨져 있었지. 면죄부는 교황이 파는 증표로, 이것을 사면 천국에 갈 수 있다고 했어. 하지만 이것은 실은 교회가 돈을 벌기 위해 지어낸 이야기였지.

독일어판 《성서》
루터가 어려운 라틴어 대신 독일어로 《성서》를 번역하면서 보통 사람도 교리를 쉽게 접할 수 있게 되었어요.

　이처럼 타락한 교회를 비판한 루터의 반박문은 당시 발명되었던 인쇄술 덕분에 2주 만에 독일 전 지역으로 퍼져 나갔어. 그러자 교회는 크게 놀랐단다. 그때까지 교회의 권위에 도전한다는 것은 누구도 생각할 수 없는 일이었거든. 하지만 루터의 생각은 많은 사람의 호응을 얻어 마침내 사회 전체의 개혁 운동으로 퍼지게 되었어. 이것이 바로 '종교 개혁'이야.

　그 뒤 루터는 파문을 당하고 숨어 지내야 했지만 그동안에도 라틴어로 쓰여진 《성서》를 모국어인 독일어로 번역하는 일을 했어. 그를 따르는 사람들은 루터가 번역한 《성서》를 읽고, 루터를 따라 가톨릭교회의 문제점을 지적했지. 이들을 '신교', 또는 '프로테스탄트'라고 해. 프로테스탄트는 '항의하는 사람'이라는 뜻이지.

　종교 개혁을 주장한 또 다른 사람으로는 칼뱅도 있어. 그는 도덕적인 신앙생활을 해야 하며, 신에게 선택받은 소수의 사람만이 구원받을 수 있다는 '예정설'을 주장했지. 이런 칼뱅주의는 스위스와 네덜란드, 북아메리카 등을 중심으로 퍼져 나갔어.

　종교 개혁은 교회의 개혁에 목적을 두고 시작되었지만 나중에는 정치나 경제, 사회 각 분야에도 영향을 주었어. 또 사람들 역시 이제 서서히 신 중심의 생각에서 벗어나 경제나 사회 문제로 관심을 돌리게 되었단다.

이번 정거장에서 더 알아보기

종교 개혁의 불씨가 된 루터의 주장

루터는 인간은 신의 은총을 절대적으로 믿고, 믿음으로 구원을 얻어야 한다고 했어요. 착한 일이나 자기 능력만으로 구원을 받지는 못한다고 했지요. 또한 교황은 사람들의 잘못을 용서할 권한이 없다고도 주장했어요.

특히 돈이나 면죄부로 천국의 문을 여는 것은 《성서》에 아무런 근거가 없는 내용으로, 말도 안 된다고 못 박았지요.

구교와 신교 간의 오랜 종교 전쟁

크리스트교는 종교 개혁을 지나면서 이전의 크리스트교인 가톨릭(구교)과 새롭게 탄생한 개신교(신교)로 나누어졌어요.
그러자 유럽 여러 나라의 왕들은 둘 중 하나를 선택해야만 했어요. 그래서 1555년 독일의 아우크스부르크에 모여 회의를 열고는 각 나라의 왕들이 어떤 종교를 믿을 것인지 결정하기로 했지요. 하지만 종교를 법으로 정할 수가 없어 대립만 더 커졌답니다.
그러던 중 1562년 프랑스에서는 신교와 구교 사이에 전쟁이 일어났어요. 결국 1598년 프랑스의 앙리 4세는 신교인 위그노들에게 신앙의 자유를 인정하는 '낭트 칙령'을 발표하지요. 하지만 그 뒤로도 유럽에서는 100여 년간 종교 때문에 크고 작은 전쟁이 끊이지 않았어요.

21 마젤란이 세계 일주에 성공했어요

**1519년에서부터 1522년까지
마젤란의 세계 일주와 유럽의 팽창**

　이번 정거장에서는 콜럼버스를 이어 계속 나타난 탐험가들을 만나볼 거야. 콜럼버스가 찾아낸 땅이 인도가 아니라 아메리카였다는 사실이 밝혀지면서 유럽 사람들은 인도 땅으로 가기 위한 노력을 다시 시작했단다. 더구나 이때는 유럽 사람들이 십자군 전쟁을 치른 뒤 동양의 나라들에 대한 지식이 더욱 많아진 상태였어. 또 마르코 폴로가 중국을 비롯해 동쪽의 나라들을 여행하고 나서 쓴 《동방견문록》이라는 책은 유럽 사람들의 호기심과 모험심을 더욱 자극했지.
　하지만 당시 유럽에서 아시아로 가는 길에는 이슬람 세력이 떡 하니

버티고 있었어. 이들은 유럽 사람들이 동쪽으로 가는 길목을 막고 교역을 방해하거나 중개 무역을 해 많은 이익을 챙겼지. 그랬기 때문에 유럽 사람들은 육지가 아닌 바닷길을 새로 개척해 직접 아시아로 가고 싶어 했어.

그러던 1519년 9월, 드디어 유럽 사람들의 열망을 실은 배가 동양으로 출발했단다. 포르투갈 사람인 페르디난드 마젤란이 그 주인공이었어. 그는 에스파냐의 세비야에서 5척의 배에 선원 237명을 태우고 떠났지. 마젤란은 동양에 거대한 바다가 있다는 걸 이미 알고 있었어. 그래서 대서양과 태평양을 잇는 길을 찾아 세계 일주를 계획했지.

세 달이 지나, 배는 오늘날의 브라질 해안에 도착했어. 그리고 다시 출발해 대륙의 끄트머리에 도착했지. 그곳에는 좁은 해협이 있었는데, 그는 여기를 '마젤란'이라고 이름 붙였어.

마젤란 해협을 지나자 드넓은 바다가 나타났어! 바로 태평양이야. 다시 북쪽을 향해 전진하던 마젤란 일행은 넉 달간의 긴 여행 끝에 드디어 육지를 발견했는데, 그곳이 오늘날 필리핀 제도란다.

육지에 도착한 마젤란 일행은 그곳의 원주민들에게 먹을 것을 달라고 했어. 또 크리스트교를 전파하려고 했단다. 하지만 원주민들이 이 요구를 받아들이지 않아 결국 싸움이 벌어졌지. 마젤란은 여기서 목숨을 잃었어. 겨우 목숨을 건진 나머지 선원들은 배 두 척에 나눠 타고 서둘러 그곳을 도망쳤어. 선장을 잃은 이들은 해적으로 변해 중국 무역선을 공격하거나, 향신료와 값나가는 물건을 빼앗기도 했단다. 하지만 그마저도 한 척은 풍랑에 침몰하고 단 한 척만이 3년 뒤 에스파냐로 돌아왔어.

출발한 선원이 237명인데 돌아온 선원은 18명뿐이었다고 하니 얼마나 힘든 여행이었는지 짐작이 가지? 하지만 이들이 가져온 향신료는 아주 비싼 값으로 팔렸어. 덕분에 일확천금을 꿈꾸는 많은 사람들이 마젤란의 뒤를 이어 동양으로 향하게 되었지.

마젤란의 세계 일주로 사람들은 지구가 둥글다는 사실을 확실히 믿게 되었어. 또 항해를 통해 들어온 금과 은 덕분에 유럽의 상공업은 크게 발전했단다.

이번 정거장에서 더 알아보기

'아메리카'라는 이름의 유래

아메리카는 오랜 옛날 아시아에서 건너가 정착한 아메리칸 인디언과 에스키모가 사는 땅이었어요. 11세기경 북유럽에 살던 바이킹은 그곳에 사람이 살고 있다는 것을 처음 알게 되었지요.

유럽에서 아메리카 탐험을 시작한 것은 콜럼버스가 처음이에요. 콜럼버스는 그곳이 인도라고 착각했지만, 나중에 이탈리아의 탐험가인 아메리고 베스푸치(1454~1512)가 그곳이 신대륙임을 밝혔지요. 그 뒤에 그곳은 그의 이름을 따 '아메리카'라고 불리게 되었어요.

고대 아메리카 문명

아메리카의 고대 문명으로 대표적인 것은 중앙아메리카의 마야 문명과 남아메리카의 잉카 문명이에요.

마야족 사람들은 상형 문자를 썼고, 달력을 만들었으며 금·은세공 기술이 뛰어났다고 전해지지요. 마야 문명은 10세기까지 번영을 누리다가 그 뒤로는 아스테카 문명으로 이어졌지요. 건축과 예술 분야에서 뛰어났던 아스테카 문명은 13세기부터 시작되어 1521년 에스파냐의 정복자 코르테스에게 멸망할 때까지 계속되었어요.

잉카 문명은 수학과 건축술에서 뛰어났어요. 또 여러 색의 끈으로 의미를 나타내는 결승 문자를 사용하기도 했답니다. 하지만 잉카 문명 역시 1532년 에스파냐의 정복자 피사로의 공격으로 결국 멸망하고 말아요.

22 근대 과학이 발달했어요

**1543년
코페르니쿠스의 지동설 발표**

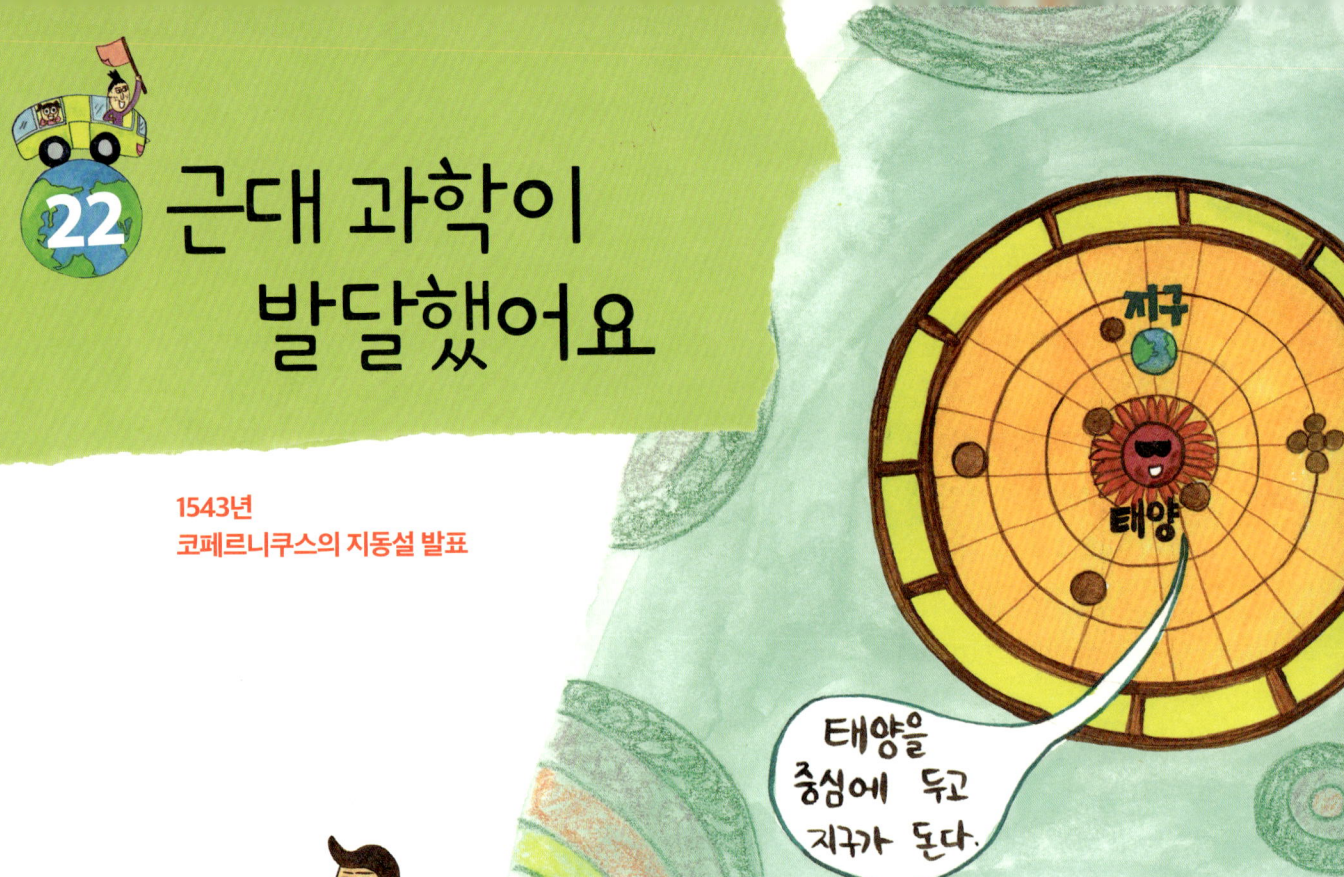

마젤란이 세계 일주에 성공하면서 사람들은 지구가 둥글다는 것을 확신하게 되었다고 했지? 지구가 둥글다는 건 지금은 누구나 다 아는 사실이지만 당시만 해도 그렇지 않았단다. 그때로 우리 함께 버스를 타고 떠나 볼까?

마젤란이 세계 일주에 성공한 지 20여 년 정도가 지났을 때야. 폴란드의 과학자 코페르니쿠스는 지구가 둥글 뿐만 아니라 태양의 주위를 돌고 있다는 주장을 했어. 이것이 '지동설'이란다.

그런데 당시 사람들은 지구가 우주의 중심이고 태양이 동쪽으로 떴다가 서쪽으로 진다고 굳게 믿고 있었단다. 그러니 지동설이 얼마나

황당했을까? 또 지동설이 맞다면 하느님이 창조한 지구가 그저 우주의 수많은 행성 중 하나일 뿐이라는 것이니 하느님의 지위를 부정하는 것 아니겠어?

하지만 당시 많은 논란을 가져왔던 코페르니쿠스의 지동설은 그 뒤 많은 과학자들에게 영향을 미치며 천문학을 발전시키는 계기가 되었단다. 그런 의미에서 코페르니쿠스를 '근대 과학의 아버지'라고 불러.

코페르니쿠스의 뒤를 이어 이탈리아의 갈릴레이도 지동설을 주장했어. 그는 직접 망원경을 만들어 천체를 관찰했지. 달에는 산과 계곡이 있고, 목성을 중심으로 도는 위성이 있다는 것도 밝혀냈어. 하지만 그는 이러한 주장으로 종교 재판을 받아야 했단다. 왜냐고?

그때는 종교 개혁에 맞서서 가톨릭교회의 교리를 강화하기 위한 종교 재판이 유행하고 있었어. 그러던 1632년 갈릴레이가 자신의 주장이 담긴 《두 개의 주요한 우주 체계의 대화》라는 책을 펴내자 교회는 이것이 신에 대한 모독이라고 했어. 결국 갈릴레이는 종교 재판을 받았고, 재판관들은 갈릴레이가 자신의 주장을 접고 죄를 고백하면 용서해 주겠다고 했지. 그는 할 수 없이 자신의 주장이 잘못이라고 말했어. 하지만 재판소를 나오면서 "그래도 지구는 돈다."라고 말했대. 이 말은 아무리 권력으로 억누르려 해도 과학적인 사실을 바꿀 수는 없다는 뜻이겠지?

갈릴레이는 물체의 운동 법칙도 연구했어. 그리고 만물의 움직임에는 법칙이 있어서 예측과 설명이 가능하다는 사실을 발견했지. 이것이 '고전 물리학'의 시작이야. 인류는 물리학의 발달로 편리한 기계와 도구를 발명할 수 있게 되었단다.

그 뒤 과학은 발전을 거듭했어. 과학이 나라를 발전시키는 데 도움이 된다는 사실을 깨닫게 되면서 각 나라의 국왕들이 먼저 나서서 과학자들을 후원하기도 했지. 당시 대표적인 과학자로는 지구가 타원 운동을 한다는 사실을 밝힌 케플러, 방정식을 발견한 데카르트, 만유인력을 연구한 뉴턴, 압력이 높을수록 기체의 부피는 줄어든다는 법칙을 발견한 보일 등이 있단다.

이번 정거장에서 더 알아보기

크리스트교 사상과 천동설

천동설은 고대로부터 시작된 믿음이었어요. 사람들은 해가 동쪽에서 떠서 서쪽으로 지는 모습을 보며 우주의 중심은 지구이고 태양과 행성들이 지구 주위를 돈다는 천동설을 당연하게 생각했어요.

특히 하느님이 세상을 창조했으며 인간이 세상의 중심이라고 믿는 크리스트교 사상이 널리 퍼진 중세 시대에는 아무도 이를 의심하지 않았어요. 또 혹시 의심하는 사람이 있다면 신을 모독했다는 이유로 교회의 탄압을 받았지요.

지동설을 주장한 코페르니쿠스(1473 ~ 1543)

폴란드 상인의 아들로 태어나 대학에서 수학, 천문학, 신학, 의학 등을 공부했어요. 그는 천문학자였던 동시에 성직자였답니다. 하지만 수많은 천문 관련 책을 읽고 맨눈으로 하늘을 관찰하면서 당시 천문 이론이 잘못되었다는 것을 확신했어요. 그리고 이런 생각을 담은 글을 1530년경에 완성했지요. 하지만 출간하지는 않았어요. 혁명적인 자신의 주장이 얼마나 큰 폭풍을 불러올지 두려웠거든요.

고민하던 그는 주변 학자들의 설득으로 세상을 떠나기 직전인 1543년, 드디어 《천구의 회전에 관하여》라는 제목으로 책을 출판했어요. 그가 우려했던 대로 이 책은 교회로부터 많은 비판을 받았고, 금서가 되었어요. 하지만 오늘날에는 근대 과학의 물꼬를 튼 훌륭한 책으로 평가받는답니다.

23 영국과 에스파냐가 해상권 싸움을 벌였어요

해가 지지 않는 나라, 영국

**1588년
영국, 에스파냐의 무적함대 격파**

　　시간이 흘러 우리는 벌써 16세기 정거장에 도착했단다. 자, 이 시기 유럽의 최강대국이 어느 나라였는지 맞춰 볼래? 바로 에스파냐란다. 앞에서 우리가 알아보았듯 에스파냐는 일찌감치 탐험을 시작해 아메리카에서 필리핀에 이르기까지 넓은 땅을 정복해 식민지로 만들었어. 그리고 식민지에서 빼앗아 온 금과 은, 여러 자원으로 부자가 되었지.

　　에스파냐의 펠리페 2세는 부를 바탕으로 막강한 군사력과 항해술을 동원해 유럽과 아시아 지역 중간에 떡 버티고 있던 이슬람 세력까지 유럽 밖으로 완전히 몰아냈어. 이러한 활약으로 당시 에스파냐의 해군

부대를 '무적함대'라고 불렀단다.

그럼 가까운 나라 영국은 어땠을까? 영국의 국력은 보잘것없었어. 나라 안에서는 정치와 종교를 둘러싼 권력 다툼까지 계속되고 있었고, 영국의 왕은 이제야 겨우 25세의 나이가 된 엘리자베스 1세였지. 그런데 에스파냐와 영국은 오래전부터 불편한 관계였단다.

영국의 여왕 엘리자베스 1세는 아버지인 헨리 8세가 앤 불린이라는 여자와 재혼해 낳은 딸이야. 헨리 8세는 앤 불린과 결혼하기 위해 에스파냐의 공주였던 첫 번째 왕비와 이혼을 했어. 가톨릭교회에서 이혼을 반대하자 그는 종교까지 바꾸면서 재혼을 했단다. 그러니 에스파냐가 영국을 곱게 볼 리 없었어. 게다가 에스파냐는 대표적인 가톨릭 국가였는걸. 또 엘리자베스 1세의 이복 언니인 메리 여왕 역시 에스파냐의 펠리페 2세와 결혼했지만 일찍 세상을 떠나고 말았지.

그러자 두 나라의 평화를 위해서라며 에스파냐의 펠리페 2세가 영국의 엘리자베스 1세에게 청혼했어. 하지만 그녀는 "나는 영국과 결혼했다."며 청혼을 거절했지. 화가 난 펠리페 2세는 가톨릭 국가인 에스파냐에게 유리하도록 영국에서 숨어 지내던 가톨릭 신자들을 은근히 지원했어.

그러자 엘리자베스 1세도 가만있지 않았지. 그녀는 해적들에게 에스파냐 함대를 약탈하도록 부추겼어. 이렇게 되자 두 나라는 완전히 등을 돌리게 되었단다.

마침내 1588년 에스파냐는 영국을 정벌하기로 하고는 대규모의 함대를 이끌고 영국으로 향했어. 한편 영국은 수적으로는 불리했지만 사기가 높았고 미리 많은 전략을 세워 놓았단다.

바람이 에스파냐 함대로 불 때를 노려 영국 함대는 바람을 따라 불화살을 날렸어. 또 작고 민첩한 영국 함대는 영국과 프랑스 사이의 좁은 바다에서 싸우기에 유리했지. 에스파냐의 함대는 너무 커서 오히려 움직이기가 힘들었어. 결국 에스파냐는 영국에게 졌단다.

승승장구하던 에스파냐가 영국에게 지자 영국은 유럽의 새로운 강자로 등장하게 돼. 그리고 뒤에 '해가 지지 않는 나라' 대영제국으로 거듭나게 된단다.

이번 정거장에서 더 알아보기

'해가 지지 않는 나라'의 뜻

영국은 에스파냐의 무적함대를 물리친 뒤 식민지 개척에 적극적으로 나서게 돼요. 그 결과 미국 독립 이전의 북아메리카와 서인도제도, 인도 등에서부터 19세기에는 캐나다, 오스트레일리아, 뉴질랜드, 남아프리카 등까지 영국의 식민지로 만들었지요.
그러다 보니 비록 영국 본토가 저녁이 되어 해가 지더라도 지구 반대편에 있는 영국 식민지는 해가 떠 있는 상태가 되었어요. 그래서 '해가 지지 않는 나라'라는 말이 생겨났답니다. 당시 영국은 전 세계에 걸친 거대한 땅을 가졌다는 의미에서 '대영제국'으로도 불렸어요.

교황에게서 벗어난 영국 국교회

유럽에서 종교 개혁이 한창이던 때, 영국에서는 또 다른 형태의 종교 개혁이 일어났어요. 당시 영국의 헨리 8세는 독실한 가톨릭 신자였어요. 하지만 자신이 왕비와 이혼하려는 것을 교황청이 허락하지 않자 가톨릭교회와 인연을 끊고 말아요.
영국 의회도 로마 교황청에서 영국 국교회를 분리시키는 법령을 통과시켰지요. 이로써 영국은 교황의 통제에서 벗어나 새로운 종교를 만들게 되었어요. 이렇게 탄생한 영국 국교회는 가톨릭교회와 크게 다르지는 않지만 신교의 내용을 많이 따르고 있어요.

24 인클로저 운동이 벌어졌어요

16세기
인클로저 운동과 자본주의의 시작

엘리자베스 1세가 다스리는 영국은 크게 발전했어. 식민지로부터 들어오는 금과 은으로 나라가 풍요로워졌고 각종 산업도 발전했거든. 도시는 점점 번창했고 인구도 늘었지. 하지만 나라가 풍요로워졌는데도 농민들은 살 곳을 잃고 말았대. 이게 무슨 일일까? 우리 함께 가 보자!

당시 영국의 주요한 산업은 양모 수출이었단다. 그런데 14세기가 지나서는 양모를 바로 수출하지 않고 이를 가공해 모직물을 짜서 수출하는 방식으로 바뀌었지. 16세기에 이르러 이러한 모직물 수출이 크게 늘자 모직물 산업은 국가가 나서서 보호하고 관리할 정도로 주요한 산

업이 되었어. 양모를 더 많이 얻기 위해 목장이 점점 더 늘어난 건 물론이고.

한편 당시 영국의 농민들은 땅 주인에게 땅을 빌려 농사를 짓는 경우가 많았단다. 농민들은 한 해 동안 농사지어 얻은 수익의 일부분을 주인에게 땅을 빌린 값으로 주고, 그 나머지는 자신이 가질 수 있었지.

그런데 목장을 하면 돈을 더 벌 수 있다는 것을 알게 된 땅 주인들은 농민들을 내쫓고는 그 땅은 물론 마을 공동의 농경지나 남은 황무지에도 모두 울타리를 쳐 양을 기르기 시작했어. 그러자 시골의 농지는 전부 목장으로 바뀌고 말았어. 이렇게 농사짓던 곳에 울타리를 쳐서 목

토마스 모어 조각상
토마스 모어는 《유토피아》라는 책에서 농민을 내쫓고 목장을 계속 넓혀 가는 땅 주인들을 비판했어요.

장을 만드는 것을 '인클로저 운동'이라고 해.

영국의 사상가인 토머스 모어는 《유토피아》라는 책에서 인클로저 운동을 '양이 사람을 잡아먹는 사건'이라고 표현하기도 했단다. 이처럼 보다 많은 돈을 벌기 위해 농민들을 내쫓고 목장을 만드는 일은 이전까지 있었던 사회의 가치관과 함께 사회 구조까지 크게 변화시켰어.

인클로저 운동으로 한순간에 땅을 잃은 농민들은 이리저리 떠돌거나 때때로 힘을 모아 반란을 일으키기도 했단다. 결국 이들은 나중에 도시로 몰려가서 낮은 임금을 받고 일하는 노동자가 되고 말지.

지방이 이렇게 혼란을 겪자 영국 정부는 서둘러 인클로저 운동 금지법을 만들기도 했어. 하지만 아무런 소용이 없었단다.

농민들과는 반대로 이 일로 큰돈을 버는 사람들도 있었어. 바로 자기 소유의 땅을 가진 땅 주인들이야. '젠트리'라고 불린 이들은 목장을 통해 금세 큰돈을 벌게 되었지. 이들은 이렇게 마련한 자본을 발판으로 뒷날 새로운 세력으로 등장하게 된단다.

이번 정거장에서 더 알아보기

당시 영국의 현실을 비판한 책, 《유토피아》

토마스 모어(1477~1535)가 쓴 두 권짜리 책이에요. '유토피아'란 '어디에도 없는 곳'이라는 의미로 그가 만든 말이지요.
1권에서는 당시 영국 사회에 퍼져 있던 현실에 맞지 않는 엄격한 법률, 자신은 아무것도 하지 않고 남의 노동으로만 살아가는 귀족, 전쟁을 좋아하는 군주, 목장을 끊임없이 넓히는 지주 및 사유 재산 제도를 비판했어요. 2권에서는 천사 라파엘이 여행 중에 본 이상적인 나라인 유토피아의 생활과 법률, 풍속 등을 그리고 있어요.

유럽 자본주의의 시작

자본주의는 자본이 지배하는 경제 체제를 말해요. 16세기부터 싹튼 자본주의는 18세기 영국과 프랑스 등을 중심으로 발달해 산업 혁명을 거치면서 전 세계로 퍼져 나갔지요. 자본주의가 퍼지면서 유럽 곳곳에는 공장이 들어섰고, 농사지을 땅을 잃은 농민들은 도시로 몰려와 공장에서 일하게 되었어요. 이처럼 자본주의를 통해 농업 중심의 사회는 공업 중심의 사회로 변했답니다.

자본주의는 개인의 모든 재산을 인정하는 사유 재산 제도에 그 바탕을 두고 있어요. 또 상품은 직접 쓰기 위해서가 아니라 돈을 벌기 위해 만들어진다는 점, 모든 물품에 가격을 매기는 것도 자본주의의 특징이에요.

25 청교도들이 아메리카로 떠났어요

**1620년
영국 청교도의 미국 이주**

엘리자베스 1세의 뒤를 이은 영국의 왕은 제임스 1세였단다. 그런데 다시 영국에서는 종교로 인한 문제가 일어났어. 무슨 일이었는지 당시 영국의 모습을 살펴보러 가 볼까?

새 왕 제임스 1세는 영국 국교회(성공회)가 아닌 다른 종교는 심하게 탄압했단다. 그러자 청교도 신자들은 더 이상 영국에서 견디기가 힘들어졌어. 청교도가 뭐냐고? 앞서 종교 개혁 때 나온 프로테스탄트(신교) 중에서도 칼뱅의 교리를 따르는 사람들을 말하지.

제임스 1세의 폭정과 탄압을 견디지 못한 청교도 신자 102명은 종교의 자유와 새 삶을 찾아 길을 떠나기로 했어. 그리고 1620년 9월 16일,

이들은 메이플라워호라는 배를 타고 출발했어. 북아메리카로 이주해 자유로운 새 삶을 꾸리고자 했던 거야.

이들은 항해하는 배 위에서 정부를 수립하고는 모든 것을 다수결의 원칙에 따라 운영할 것을 결의했어. 이것이 바로 '메이플라워 서약'으로 나중에 미국 헌법의 기초가 된단다. 이들은 9주간의 항해 끝에 드디어 매사추세츠 근처 항구에 도착했어. 새 정착지에는 자신들 고향의 지명을 따 '플리머스'라는 이름을 붙였단다. 이들은 '필그림 파더스(Pilgrim Fathers, 순례하는 아버지라는 뜻)'라고 불리며 오늘날 미국을 만드는 데 기초를 다진 인물들로 여겨지지.

하지만 이들이 영국 사람으로서 아메리카 땅을 처음 밟은 것은 아니었어. 당시 아메리카에는 이들보다 먼저 도착한 영국 사람들이 있었단다. 제임스 1세가 런던에 있던 영국 회사들에게 식민지를 건설할 수 있는 허가를 내주면서 이 회사들이 아메리카로 이주할 사람들을 이미 모아 보낸 적이 있었거든.

식민지에 가면 큰돈을 벌 수 있다고 홍보하자 당시 많은 사람들이 모여들었고, 마침내 영국의 버지니아 회사는 1607년 남자 100여 명을 북아메리카로 보냈어. 그리고 그곳에 제임스타운이라는 마을을 세웠단다. 하지만 식량 부족과 전염병 등으로 많은 사람들이 그해 겨울을 넘기지 못한 채 세상을 떠나고 말았어. 간신히 살아남은 몇십 명의 사람들만이 원주민인 인디언에게서 담배 농사법을 배워 겨우 자리 잡을 수 있었지.

여러 어려움 속에서도 플리머스와 제임스타운이 자리를 잡자 영국에서는 종교의 자유나 돈벌이를 위해 아메리카를 찾는 사람들의 수가 점점 늘었어. 1732년까지 13개의 식민지가 건설될 정도였지. 이들은 해마다 선거를 치러서 관리를 뽑았는데, 이 전통은 뒷날 미국 민주주의 씨앗이 되었단다.

물론 여기에는 아픔도 있었어. 초기에는 원주민인 인디언과 영국에서 온 식민지 사람들이 사이좋게 지냈지만 식민지 사람들의 인구가 늘어나면서 인디언의 땅까지 넘보게 된 거야. 그러자 결국 전쟁이 벌어졌고, 많은 인디언들의 목숨이 희생되기도 했단다.

이번 정거장에서 더 알아보기

영국의 식민지가 된 북아메리카

애초에 북아메리카는 식민지로 그리 매력적인 곳은 아니었어요. 남아메리카와 달리 귀금속이 나오지 않는 땅이었거든요. 하지만 영국의 인구가 계속 늘어나자 영국은 자기 나라와 가까운 곳에 식민지를 세워야겠다고 생각했어요.

그 뒤 영국 사람들은 북아메리카의 기후가 온난하고 땅의 크기가 매우 크다는 것을 알게 되었어요. 또 북아메리카를 통해 아시아로 갈 수 있는 항로까지 발견되면서 영국 사람들의 북아메리카 이주가 본격적으로 시작되었지요.

영국의 삼각 무역

아메리카 발견 이후 18세기까지 영국은 노예 무역으로 큰돈을 벌었어요. 당시 서인도제도에는 담배와 사탕수수 농사가 잘 되었는데, 일손이 매우 부족했어요. 그러자 영국은 아프리카에서 사람들을 잡아다가 서인도제도 대농장 지주들에게 노예로 팔았지요.

노예를 팔아 번 돈으로는 아메리카 지역에서 나는 설탕과 담배 따위를 사서 영국으로 가지고 와 다시 팔았어요. 이렇게 해 이중으로 이득을 챙겼지요. 이것이 바로 유럽과 아프리카, 아메리카를 잇는 삼각 무역이에요. 또한 이는 아메리카 노예 제도의 시초가 되었답니다.

26 왕 대신 의회가 나라 최고의 권력을 가졌어요

**1642년
영국의 청교도 혁명 시작**

　이번 정거장에서도 제임스 1세와 관련된 일이 벌어지고 있나 봐! 제임스 1세는 청교도를 탄압했다고 했었지? 또 이번에는 무슨 일일까? 함께 따라가 보자!

　제임스 1세는 엘리자베스 1세의 친척으로 스코틀랜드 왕이었어. 한평생 혼자 살았던 영국 여왕 엘리자베스 1세가 죽자 왕위를 이을 사람이 없어서 친척인 제임스 1세가 왕위를 이어받았지.

　그런데 왕위에 오른 제임스 1세는 왕의 권한은 신으로부터 받은 것이라는 '왕권신수설'을 주장했어. 그러면서 의회의 반대에도 불구하고 귀족들에게 세금을 걷거나 영국 국교회를 믿으라고 강요하기도 했단

다. 그러나 의회를 구성하고 있는 지주와 상인들 중에는 청교도들이 많았어. 제임스 1세는 의회와 사사건건 부딪쳤지.

그의 뒤를 이은 찰스 1세는 한술 더 떠서 아버지보다 더 큰 권력을 휘두르려고 했어. 어느 날 찰스 1세는 에스파냐와 전쟁을 벌이기로 결심하고는 전쟁 비용을 마련하기 위해 의회를 소집했지. 하지만 그의 정책이 마음에 들지 않았던 의회는 왕의 말을 듣기는 커녕 '의회의 동의 없이는 국왕이 세금을 거둘 수 없다.'는 권리 청원을 내기까지 해.

찰스 1세는 어쩔 수 없이 권리 청원을 승인했지만 다음 해 의회를 보

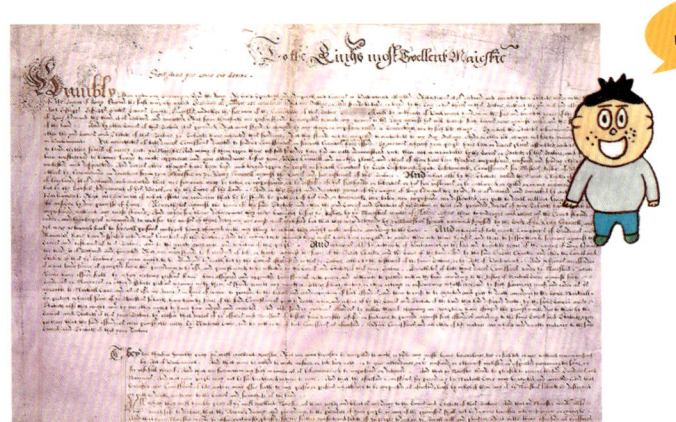

권리 청원
의회가 찰스 1세에게 제출한 것으로 왕의 정책은 법이나 의회의 허락에 따라야 한다는 내용이 담겨 있어요.

란 듯이 해산시켜 버리고는 그 뒤 11년 동안 의회를 소집하지 않고 마음대로 영국을 다스렸단다.

하지만 1639년 스코틀랜드에서 반란이 일어나자 이를 진압할 비용을 마련하기 위해 다시 의회를 소집해야만 했어. 하지만 11년 만에 열린 의회는 그동안 왕의 잘못된 정책을 공격하기 바빴어. 나아가 마구잡이로 거둬들인 잘못된 세금을 없애고, 영국 국교회를 믿도록 강요하는 정책도 없애 버렸단다. 또 3년에 한 번씩은 반드시 의회가 열리도록 결정했어.

그러자 화가 난 찰스 1세는 의회의 지도자를 체포하라는 명령을 내리고 군대를 모았단다. 이에 맞서 의회도 군대를 모았어. 국왕의 군대와 의회의 군대가 맞서 싸우게 된 거야. 이때 의회는 국왕을 지지하는 왕당파와 의회를 지지하는 의회파로 나뉘었단다.

의회파를 이끄는 인물은 크롬웰이라는 시골 출신의 지주였어. 크롬웰의 지도로 마침내 전쟁은 의회파의 승리로 끝났지. 그 뒤 영국은 군주제를 버리고 공화제를 수립했어. 다시 말해 왕 대신 의회가 최고의 권력을 갖게 된 거야. 이 사건이 바로 '청교도 혁명'이란다.

 이번 정거장에서 더 알아보기

왕을 신의 대리인으로 본 왕권신수설

왕권신수설은 왕을 신으로부터 권력을 받은 신의 대리인으로 여겨 의회 같은 지상의 권력으로는 막을 수 없다는 주장이에요. 그래서 왕이 행사하는 국가 권력에 반대하거나 불복종하면, 이를 바로 신에 대한 반대나 불복종으로 여겼어요.

영국의 제임스 1세는 왕권신수설을 처음으로 주장한 인물이었어요. 하지만 그 뒤로 청교도 혁명과 명예 혁명이 차례로 일어나면서 왕권신수설은 영국 정치에서 그 모습을 완전히 감추게 되지요.

공화국 영국을 선포한 올리버 크롬웰(1599 ~ 1658)

그는 영국 헌팅턴의 독실한 청교도 집안에서 태어났어요. 청교도 혁명 때 그는 철기군을 이끌고 왕당파를 무찔렀지요. 신앙심으로 똘똘 뭉친 이들은 기도를 올리고 찬송가를 부르며 적진을 향해 돌진했다고 해요. 전쟁에서 승리한 크롬웰은 영국이 공화국임을 당당하게 선포했지요.

크롬웰은 근대 유럽 역사에서 가장 주목할 만한 지도자 중 한 사람이에요. 하지만 그는 청교도 정신을 지나치게 강요하고 국민들을 엄격하게 규제해 영국이 다시 왕정으로 돌아간 뒤에는 반역자로 몰렸어요. 그래서 1658년 이미 죽은 그의 시체를 꺼내 머리를 잘라 25년 동안 영국 의사당 밖에 걸어 놓았다고 전해지지요.

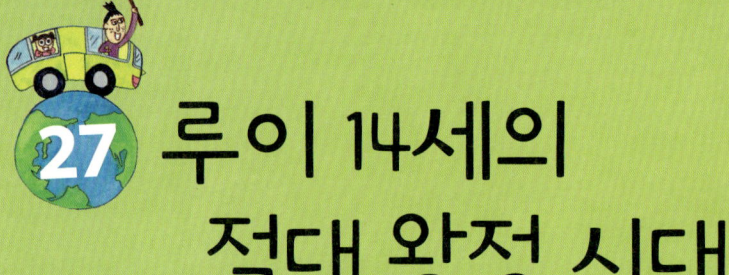

27 루이 14세의 절대 왕정 시대가 열렸어요

**1643년부터 1715년까지
루이 14세 절대 군주제의 전성기**

우리 버스는 영국을 지나 프랑스에 도착했단다. 영화에도 자주 등장하는 루이 14세라는 유명한 프랑스 왕을 알고 있니? 이번 정거장에서는 그가 다스리던 시대의 프랑스를 만나 볼 거야.

앞서 잠깐 말했던 왕권신수설은 프랑스에서 '절대 왕정'이 자리 잡는 밑바탕이 되었단다. 절대 왕정이 뭐냐고? 왕의 권한이 신에게서 받은 것이라며 국가의 모든 권한을 왕에게 집중하는 제도를 뜻하지. 중세 시대가 지나고 사람들 사이에 민족 의식이 싹트면서 이처럼 왕의 권력은 더욱 커지게 돼. 그리고 17세기와 18세기에 이르러 절정을 이루는

데 그 대표적인 인물이 바로 '태양왕'이라고 불리는 프랑스의 루이 14세란다. 그는 '짐이 곧 국가다.'라고 말할 정도로 강한 왕권을 휘둘렀어.

　루이 14세는 채 5세가 되기도 전에 왕위에 올랐단다. 어린 루이 14세는 당시 재상이었던 마자랭의 도움을 받으며 정치를 했어. 하지만 그가 9세가 되던 해 귀족들이 왕에게 반기를 든 사건이 일어났지. 바로 '프롱드의 난'이야. 이 사건을 계기로 루이 14세는 귀족이나 평민들 모두 믿지 않게 되었다고 해. 또 귀족들이 결코 왕권에 도전하지 못하게 하겠다고 결심했지.

베르사유 궁전 거울의 방
웅장한 베르사유 궁전에서도 가장 화려하기로 유명한 거울의 방이에요.

그 뒤 직접 정치를 펼치게 된 루이 14세는 식민지를 넓히고 상업을 중시하는 중상주의 정책을 펼쳤어. 그는 왕위에 머무른 54년 동안 매일 8시간씩 나랏일을 보았고 궁정 예절 등 아주 작은 일까지 일일이 점검했단다. 덕분에 프랑스는 재정이 튼튼했고, 문화도 크게 발전했어. 프랑스는 유럽에서 가장 뛰어난 국가로 떠올랐지.

한편 부작용도 있었어. 루이 14세가 나라 밖 온갖 전쟁에 다 끼어들었기 때문에 많은 백성들이 고통받았지. 왕과 귀족들은 호화로운 생활을 누리면서도 세금은 오로지 굶주리는 백성들 차지였고, 프랑스의 땅과 관직은 성직자와 귀족들이 모두 독차지했단다.

루이 14세는 사치도 심했어. 그가 세운 화려하고 거대한 베르사유 궁전만 보더라도 잘 알 수 있어. 백성들의 힘겨운 생활에는 아랑곳하지 않고 그는 이곳에서 밤낮없이 연회와 무도회를 열었지. 또한 이곳의 방탕한 생활에 흠뻑 젖은 귀족들은 점점 정치에는 소홀해졌어.

어쨌든 루이 14세는 유럽의 왕 중 가장 오랜 기간 왕위에 있었단다. 그는 77세로 세상을 떠날 때 '짐은 죽는다. 그러나 국가는 영원하리라.'는 말을 남겼다고 해.

이번 정거장에서 더 알아보기

절대 왕정을 지키기 위한 중상주의 정책

절대 왕정을 계속 이어 나가기 위해서는 왕의 힘을 지켜 줄 군사와 관료가 필요했어요. 특히 군사들은 목숨을 걸고 왕을 지켜야 했기 때문에 평범한 사람보다는 주로 돈이 필요한 가난한 사람을 고용했지요.

이처럼 왕은 군사를 모으고 관료들에게 월급을 주려면 돈이 꼭 필요했기 때문에 산업을 키우고 수출을 장려하는 중상주의 정책을 써야만 했답니다.

또 한편으로는 왕의 권력을 신이 주었다고 하는 왕권신수설도 주장해 절대 왕정을 유지하는 힘으로 삼았어요.

루이 14세 때의 뛰어난 재상 콜베르(1619~1683)

루이 14세 시대에 재무 장관과 해군 장관을 역임한 인물로 뛰어난 정치력을 발휘했어요. 상인의 집안에서 태어난 그는 어린 루이 14세를 돕던 관리 마자랭을 통해 정치에 발을 들여놓았지요.

그는 중상주의 정책을 실시하면서 국영 공장을 세우고 모든 제품의 품질 기준을 만들었어요. 무역을 확대해 막대한 부를 쌓고, 정치와 경제 전면에 걸쳐 개혁을 단행하기도 했답니다. 또한 교통을 발전시키고 행정 제도를 정비하는 등 루이 14세의 강력한 절대 왕권을 마련하는 데 큰 도움을 주었어요.

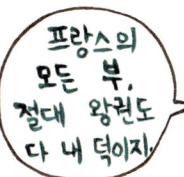

프랑스의 모든 부, 절대 왕권도 다 내 덕이지.

28 근대 과학이 탄생했어요

**1687년
만유인력의 법칙 발표**

이번에는 인류의 과학사를 알아볼 정거장이란다. 코페르니쿠스와 갈릴레이를 거치면서 인류의 과학 발전은 더욱 속도가 붙었어. 그리고 여기에 드디어 근대 과학을 태어나게 한 사람이 등장했단다. 그를 만나러 가 보자!

1687년, 수학자이자 물리학자였던 뉴턴은 《자연 철학의 수학적 원리》라는 책을 출간했어. 이 책은 과학사에 큰 바람을 몰고 왔지. 이 책 속에는 만유인력과 뉴턴의 3대 법칙으로 불리는 운동의 법칙, 작용 반작용의 법칙, 관성의 법칙이 모두 담겨 있었거든. 만유인력은 질량을 가지고 있는 우주의 모든 물체가 서로 잡아당기는 힘을 말해. 바로 우

리가 알고 있는 중력이지. 뉴턴은 중력이 존재한다는 것뿐 아니라 그 힘의 크기가 질량의 곱에 비례하고 거리의 제곱에 반비례한다는 '만유인력의 법칙'까지 발표했어.

뉴턴의 이런 이론에 따라 사람들은 세상이 신의 섭리가 아닌 자연의 질서와 법칙에 따라 운동하고 있다는 것을 깨닫게 되었어. 신을 만물의 중심으로 놓았던 중세의 생각에서 완전히 벗어나 인간의 이성을 통해 세상을 바라보게 된 것이지.

뉴턴은 갈릴레이가 세상을 떠난 그해 겨울에 태어났어. 대학을 다닐 때까지만 해도 뉴턴은 그저 평범한 학생이었단다. 그는 대학을 졸업한

뉴턴의 사과나무
뉴턴은 사과나무에서 떨어지는 사과를 보고 만유인력의 법칙을 발견했어요.

뒤 케임브리지 대학교의 교수로 지내면서 자신의 연구를 모은 책을 쓰기 시작했어. 이 책이 바로 《자연 철학의 수학적 원리》였지. 이 책으로 그는 한순간에 위대한 과학자로 거듭났어.

사실 뉴턴은 조용한 성격에다 여행도 좋아하지 않았어. 평생 결혼도 하지 않았고 연구만 하면서 살았지. 그랬기 때문에 이 책을 다 쓴 다음에도 다른 사람들에게 발표하기를 꺼렸다고 해. 주변 학자들의 끈질긴 설득으로 간신히 책을 펴낼 정도였지. 이뿐만 아니라 그는 미적분의 원리를 발견하고도 혼자 간직했어. 그래서 수학자인 라이프니츠와 뉴턴 중에 누가 먼저 미적분학을 발견했는가에 대한 논쟁까지 벌어졌단다.

뉴턴의 《자연 철학의 수학적 원리》는 출간될 당시에는 그리 주목받지 못했어. 내용이 너무 어려웠거든. 하지만 1년이 지나 학자들 사이에 소문이 퍼지면서 이 책은 과학사를 뒤흔든 책으로 손꼽히게 되었지. 뉴턴을 통해 갈릴레이에서부터 케플러까지 이어지는 과학 혁명은 완성되었고, 산업 혁명이 일어나게 되는 발판까지 만들어지게 되었단다.

이번 정거장에서 더 알아보기

근대 과학을 출발시킨 16 ~ 17세기 과학사

16~17세기는 인류 과학사에 큰 변화가 이루어진 시기예요. 많은 사람들이 실험과 관찰에 몰두했고, 자신의 연구를 발표하고 서로 토론하기도 했지요. 이를 통해 과학은 눈부시게 발전했어요.

뿐만 아니라 과학이 발전하면서 이성적인 사고가 성장하는 등 인간의 삶이 크게 변화했답니다.

지동설

지동설을 주장한 코페르니쿠스, 지구와 다른 행성들이 태양을 중심으로 타원 궤도를 그리면서 공전한다는 사실을 밝힌 케플러, 태양계의 중심이 지구가 아니라 태양이라는 것을 밝힌 갈릴레이 등은 이 시대 대표적인 과학자예요.

또 과학자이자 수학자 데카르트는 논리적 사고를 바탕으로 과학적이고 합리적인 근대 철학까지 탄생시킨 것으로도 유명하지요.

이들은 모두 자연의 법칙을 관찰하면 인간이 우주의 주인이 될 수 있다는 믿음을 가졌어요. 그 뒤 과학은 점차 실용적인 지식에 집중하게 되었고 드디어 근대 과학이 출발하게 되었답니다.

29 영국에 민주주의의 전통이 시작돼요

**1688년
영국의 명예혁명**

자, 다시 영국으로 버스를 타고 가 보자. 왕이 나라를 다스리던 왕정을 끝내고 의회가 최고의 권력을 갖는 공화정이 시작되었던 영국은 어떻게 되었을까?

1658년 의회파를 대표해 공화정을 연 크롬웰이 죽자 의회 안의 또 다른 파였던 왕당파 의원들은 찰스 1세의 아들인 찰스 2세를 왕으로 앉혔어. 이로써 영국은 다시 왕이 다스리는 나라가 되었지.

찰스 2세는 의회를 존중하고 종교의 자유를 보장하겠다고 약속하고는 왕위에 올랐어. 그러나 막상 왕위에 오르자 이 약속을 어기고 자신에게 반대하는 사람들을 모두 죽였단다. 또 나라의 높은 자리에 모두

가톨릭교도들을 임명하고는 청교도들을 다시 박해하기 시작했어. 또한 이미 세상을 떠난 크롬웰의 시체를 무덤에서 파내 목을 잘라 영국 의사당 앞에 걸어 두기까지 했단다.

청교도가 대부분이었던 의회는 왕의 이런 횡포를 막기 위한 방안을 논의했어. 마침내 의회는 아무리 왕이라 하더라도 아무 이유 없이 사람을 잡아 가두지 못한다는 '인신 보호율'을 만들었고, 가톨릭의 부활을 막기 위해 영국 국교회 신자가 아닌 사람을 모든 공직에서 추방한다는 '심사율'도 통과시켰단다.

그런데 의회에서 더 큰 문제는 찰스 2세의 뒤를 이을 그의 동생 제임스 2세였어. 그는 찰스 2세보다 더 독실한 가톨릭교도에다 고집불통이었지. 의원들은 힘을 모아 그의 왕위 계승권을 빼앗기로 했어.

이렇게 논의가 계속되자 의회는 다시 제임스 2세를 지지하는 귀족과 지주 계급으로 구성된 토리당과, 제임스 2세를 반대하는 시민 계급으로 구성된 휘그당으로 나뉘게 되었어.

찰스 2세는 의회를 해산하고 휘그당을 탄압하기 시작했단다. 그 결과 휘그당의 많은 의원들은 나라 밖으로 떠나야 했어. 1685년 결국 제임스 2세는 왕위에 올랐지. 하지만 예상대로 제임스 2세는 의회가 제정한 인신 보호율과 심사율을 무시한 채 자기 마음대로 나라를 다스렸어. 그러자 그를 지지했던 토리당도 결국 등을 돌려.

결국 1688년 의회는 왕을 폐위하기로 해. 의회가 다음 왕으로 정한 것은 제임스 2세의 큰 딸 메리와 그의 남편인 네덜란드 총독 윌리엄이었지. 메리는 의회의 제안을 수락했어. 한편 이 소식을 들은 제임스 2세는 재빨리 프랑스로 도망쳤어. 이렇게 왕이 바뀐 이 사건은 피를 흘리지 않고 이루어졌다 해서 '명예혁명'이라고 부른단다.

의회는 메리와 윌리엄 공을 공동 즉위시키기 전에 국왕이 제멋대로 나라를 통치하지 못하고 헌법에 따라야만 하도록 왕의 권한을 줄인 '권리 장전'을 승인하라고 요구했지. 이로써 영국의 국왕은 의회의 승인 없이 세금을 거두거나 법률을 만들 수 없게 되었어. 덕분에 국민들의 자유과 권리는 이전보다 더 커졌단다.

이번 정거장에서 더 알아보기

헌법에 의해 왕권이 제한받는 입헌 군주국

영국은 명예혁명을 통해 유럽에서 처음으로 '입헌 군주국'이 되었어요. 입헌 군주국이란 입헌 군주제를 실시하는 나라로, 세습되는 국왕을 인정하기는 하지만 헌법으로 왕권을 제한하는 나라예요. 입헌 군주국에서는 국왕이 나라를 대표하기는 하나, 실질적으로 나라를 통치하는 역할은 총리가 해요.

현재 입헌 군주제를 채택한 나라로는 일본, 스페인, 스웨덴, 태국 등이 있어요. 입헌 군주국에서 국왕은 대부분 세습되지만 말레이시아 같은 나라에서는 선임된 군주를 인정하는 선임 군주제를 채택하고 있어요.

영국 정당의 시초, 토리당과 휘그당

제임스 2세의 왕위 계승권 문제로 생긴 토리당과 휘그당은 영국 정당의 시초가 되었어요. 토리당은 주로 귀족과 지주 계급으로 구성되어 왕을 지지했고, 영국 국교회를 믿었어요. 반면 휘그당에는 청교도들이 많았고 왕보다는 의회의 편에 섰지요. 이들은 서로 대립하면서 상대를 낮춰 불렀는데 '토리'라는 말은 '아일랜드의 도적'이라는 뜻이고, '휘그'라는 말은 '스코틀랜드의 폭도'라는 뜻이에요.

하지만 힘을 모아 제임스 2세를 몰아낸 명예혁명을 거치면서 두 당의 색깔은 거의 없어졌지요. 19세기에 들어와서는 토리당은 보수당, 휘그당은 자유당이 되었고 제1차 세계 대전 뒤에는 노동당도 생겨났답니다.

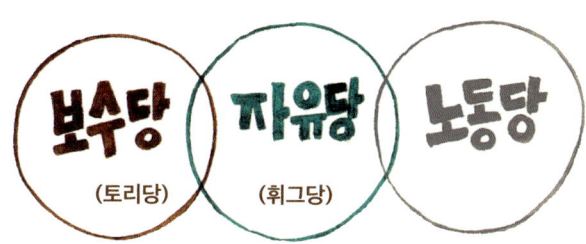

30 미국이 독립을 선언했어요

**1776년
미국 13개 주의 독립**

　오늘날 미국은 세계에서 가장 부유한 나라야. 미국은 자유와 새 삶을 찾아 영국의 식민지 북아메리카로 온 사람들로부터 시작되었지. 식민지 사람에 불과했던 그들이 어떻게 독립을 하고 나라를 발전시키게 되었는지 그 과정을 알아보자.

　영국은 식민지였던 북아메리카에 대해 처음에는 별다른 간섭을 하지 않았어. 그래서 북아메리카 식민지 사람들은 신분과 계급의 차별 없이 일정한 세금만 내면 정치와 종교의 자유를 누리며 살 수 있었지. 그런데 영국이 심한 재정난에 시달리게 되면서 사정이 달라졌어.

　영국의 조지 3세와 의회는 부족한 재정을 메꾸기 위해 북아메리카에

　서 만들어지는 것에 대해 하나둘 세금을 매기기 시작했단다. 설탕에 매기는 설탕세, 신문이나 책에 붙이는 인지세도 있었지. 이런저런 명목으로 세금이 늘어 가자 식민지 사람들은 뉴욕에 모여 '대표 없이는 과세 없다.'고 결의했어. 영국 의회에 대표를 보내 자신들의 이익을 대변하지도 못하는데 세금을 그토록 많이 내는 것은 부당하다는 것이었지. 하지만 영국 정부는 여기에 귀 기울이지 않았어.

　그러던 중 1773년, 영국은 아메리카 식민지의 차 수출권을 영국 동인도 회사가 독점하게 하고 세금까지 면제해 주기로 했어. 파산 상태에 놓인 동인도 회사를 살리기 위한 것이었지. 영국 사람들은 홍차를 무척 좋아해서 차 무역은 수익이 괜찮은 사업이었어. 하지만 영국 동인도 회사가 이를 독점하기 시작하면서 식민지의 상인들은 하루아침에 망하게 되었단다.

화가 날 대로 난 식민지 사람들은 보스턴 항구에 정박해 있던 동인도 회사 선박에 인디언으로 변장한 채 뛰어들었단다. 그러고는 수백 상자의 차들을 모조리 바다에 던져 버렸어. 이것이 바로 '보스턴 차 사건'이지. 영국도 가만있지 않았어. 영국은 이들의 자치권을 박탈했고 결국 둘 사이에 무력 충돌까지 일어나게 되었단다.

식민지 대표들은 필라델피아에 모여 제1차 대륙 회의를 열고 영국으로부터 독립하기 위한 전쟁을 벌이기로 했단다. 1776년 7월 4일에는 뒷날 미국 제3대 대통령이 된 토머스 제퍼슨이 정리한 〈독립 선언서〉도 발표되었지.

전쟁 초기에는 식민지가 불리했지만 자유를 원하는 사람들이 하나둘 뭉쳐 점점 힘을 키웠어. 또 영국과 사이가 좋지 않았던 프랑스의 도움으로 식민지는 8년 만에 독립을 이루었지. 결국 1783년 영국은 아메리카 13개 주의 독립을 인정했어. 그 뒤 제헌 의회를 열고 연방 헌법을 제정해 미 합중국은 비로소 그 첫발을 내딛게 되었단

미국의 〈독립 선언서〉
민주주의와 인권의 기본 원리를 담은 이 선언서는 1776년 7월 4일에 발표되었어요. 이날은 미국의 독립 기념일이 되었지요.

> 이번 정거장에서 더 알아보기

민주주의의 기본 원리를 드러낸 <독립 선언서>

<독립 선언서>의 한 대목을 살펴보면, "모든 인간은 태어나면서부터 평등하며, 조물주가 부여한 인간의 권리 가운데는 자유와 행복을 추구할 권리가 있다. 이 권리를 지키기 위해 인간은 정부를 만들었고, 만약 정부가 국민의 권리를 침해할 때는 그 정부를 변혁하고 새로운 정부를 세우는 것이 국민의 권리다."라고 되어 있지요.

여기에는 오늘날 민주주의의 기본 원리가 잘 드러나 있으나 당시로는 매우 충격적인 내용이었어요. <독립 선언서>는 10여 년 뒤 프랑스 대혁명에도 큰 영향을 미쳤지요.

천부 인권을 쟁취한 아메리카 독립 전쟁

아메리카의 독립 전쟁은 식민지 해방 전쟁이기도 했지만 모든 인간이 태어날 때부터 가지고 있는 천부 인권을 쟁취하기 위한 것이기도 했어요. '천부 인권'은 자연권이라고도 하는데 인간이 태어날 때부터 가지는 권리를 말하지요. 이것은 법이나 종교보다도 우선되는 권리랍니다. 오늘날 우리나라를 비롯한 대부분의 나라에서 이러한 자연권적 기본권을 인정하고 있지요.

이처럼 인간의 권리를 내세운 아메리카 독립 전쟁의 승리는 아메리카뿐 아니라 절대 왕정과 제국주의에 시달리고 있던 세계의 여러 다른 나라 사람들에게도 큰 희망을 주었다는 점에서 더욱 의미가 있어요.

31 프랑스 대혁명이 일어났어요

**1789년
프랑스 대혁명과 인권 선언**

　이번에는 버스를 타고 다시 프랑스로 돌아왔어. 당시 프랑스는 왕족과 귀족들의 호화로운 생활과 연이은 흉년으로 경제적인 어려움을 겪고 있었어. 게다가 프랑스가 미국 독립 전쟁을 지원하면서 경제적인 고통은 더욱 심해졌지. 농민들은 무거운 세금에 억눌렸고 상인들은 물건이 팔리지 않아 발을 동동 굴렀어. 왕실에도 빚이 쌓여 갔단다.

　루이 16세는 이런 경제적인 문제를 해결하기 위해 세금을 더 걷으려 했어. 그래서 삼부회를 소집했지. '삼부회'는 성직자와 귀족, 평민 대표가 한자리에 모여 나라의 일을 논의하는 모임인데, 1614년에 열린 뒤

로 170년 동안 단 한 번도 열린 적이 없었어. 그런 삼부회를 다시 열자고 할 정도였으니 당시 프랑스의 경제난이 얼마나 심각했는지 짐작이 가지?

하지만 삼부회는 생각만큼 잘 진행되지 않았어. 성직자, 귀족 대표들과 평민 대표들이 서로 대립했거든. 사실 평민 대표들은 삼부회의 들러리에 불과했어. 삼부회는 의결권을 신분에 따라 인정했기 때문에 성직자와 귀족이 힘을 모으면 평민들의 의견은 무시되기 일쑤였지.

결국 평민 대표들은 삼부회와는 별도로 국민 의회를 따로 만들고 테니스 코트에 모여 헌법이 제정될 때까지 해산하지 않겠다는 결의를 했단다. 그런데 얼마 뒤 국왕이 국민 의회를 없애 버릴 거라는 소문이 돌았어. 파리 사람들은 무척이나 화가 났단다. 마침내 사람들은 민병대를 조직해 절대 왕정과 억압의 상징이었던 바스티유 감옥으로 쳐들어갔어.

이 사건은 역사상 처음으로 귀족이 아닌 민중이 신분을 넘어 승리한 일이었어. 이렇게 되자 프랑스 곳곳에는 혁명의 열기가 달아오르기 시작했단다. 마침내 국민 의회는 1789년 8월 26일 '인권 선언'을 발표했지. 인권 선언 제1조는 '인간은 나면서부터 자유로우며 평등한 권리를 가진다.'였어. 그러나 루이 16세는 이를 받아들이지 않았단다. 그러자 파리의 시민들은 연회가 열리고 있는 베르사유 궁전으로 쳐들어가 국왕과 그 가족을 파리로 끌고 왔어. 루이 16세는 결국 인권 선언을 받아들일 수밖에 없었지.

1791년에는 루이 16세가 왕비와 함께 오스트리아로 도망치려다가 붙잡히는 일이 벌어져. 국민 의회는 이를 계기로 왕정을 폐지하고 프랑스를 공화국으로 선포했어. 또한 왕과 왕비를 '민중의 적'으로 선언하고 차례로 단두대에 올려 처형했지.

프랑스 대혁명이 날로 거세지자 유럽의 각국은 동맹을 맺고 프랑스를 공격했어. 자기네 나라로 혁명의 불길이 옮겨 오지 못하도록 말이야. 하지만 프랑스는 의용군을 조직해 이를 잘 막아 냈단다. 당시 의용군들이 불렀던 '라 마르세예즈'는 뒷날 프랑스의 국가가 되었지.

이번 정거장에서 더 알아보기

영국의 혁명과 프랑스 대혁명의 차이

두 혁명은 모두 자유와 민주주의를 얻기 위해 절대 왕정을 무너뜨린 사건이었어요. 그러나 과정과 결과는 매우 달랐지요. 지주와 상인들로 이루어진 영국 의회는 국왕과 계속 타협하면서 의회의 권한을 키워 갔어요. 혁명도 의회가 주도해 결국 영국은 의회 중심의 입헌 군주국이 되었지요.

반면 프랑스의 혁명은 가난과 세금에 고통받던 농촌과 도시의 민중들이 이끈 혁명이었어요. 프랑스 민중들은 인권 선언을 통해 신분제 사회를 무너뜨리고 왕과 왕비도 처형했답니다.

프랑스 대혁명의 정신적 배경인 계몽사상

18세기 프랑스에서 시작된 사상으로, 프랑스 대혁명의 정신적인 배경이 되었어요. '계몽사상'이라는 말은 독일의 철학자 칸트가 처음 사용했지요. 계몽이란 잠들어 있는 인간의 이성을 일깨워 무지와 편견에서 빠져나오게 하는 것으로, 낡은 사고방식과 종교적 관념을 깨뜨리는 것이에요. 이는 프랑스 대혁명뿐 아니라 유럽 각국의 시민 의식을 형성하는 데에도 큰 영향을 주었어요.

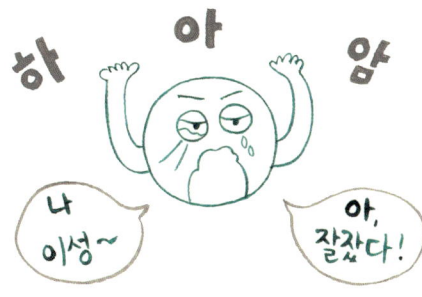

32 영국에서 산업 혁명이 일어났어요

18세기 후반
산업 혁명과 자본주의의 시작

지금까지는 유럽의 시민 혁명에 대해서 알아보았어. 이번 정거장에서는 영국에서 처음 일어난 산업 혁명에 대해 알아볼 거야. 산업 혁명은 정치적인 혁명이 아니야. '공장제'라는 새로운 생산 방식이 등장하면서 물건의 생산이 크게 늘어난 것을 말하지. 새로 발명된 기계와 기술로 생산량이 늘어나면서 사회에 큰 변화가 일어났기 때문에 혁명으로 불린단다.

산업 혁명이 일어나기 전까지는 가족들이나 몇 명의 사람들이 모여 가내 수공업 방식으로 물건을 만들었기 때문에 아주 빨리, 또 많이 만들기는 어려웠어. 그런데 공장이 생기자 기술자들이 한자리에 모여서

일을 하게 되었고 그들을 감독하기도 쉬워졌어. 그러니 생산이 크게 늘 수밖에. 이것을 '매뉴팩처' 또는 '공장제 수공업'이라고 해. 처음 공장제 수공업이 시작되었을 때는 공장에 기술자들이 한데 모여 일하는 형식일 뿐이었어. 그러다 시간이 흐르자 기술자들 사이에 '분업'이 생겨났단다. 분업이 뭐냐고?

예를 들어 어느 공장에서 옷핀을 만든다면 한 사람이 옷핀 하나를 다 완성하는 것이 아니라 첫 번째 사람은 철사 줄만 뽑고, 두 번째 사람은 그것을 똑바로 펴고, 세 번째 사람은 자르고…… 하는 형태지. 이렇게 각각 나누어 일을 하면 한 사람이 혼자서 완성된 옷핀을 만드는 것보

와트가 발명한 증기 기관
수증기의 열에너지를 기계의 동력으로 바꾸는 것이에요.
이것으로 산업 혁명은 더욱 속도가 붙었어요.

다 훨씬 더 많은 양의 옷핀을 만들어 낼 수 있었어.

산업 혁명을 주로 이끈 분야는 면직물 산업이었어. 인구가 증가하면서 옷감이 많이 필요해지자 옷감을 짜는 실도 많이 필요해졌지. 그래서 1770년에 하그리브스는 한 번에 16가닥의 실을 뽑을 수 있는 기계인 '제니 방적기'를 발명했단다. 또한 1785년에는 사람 손을 대신해 옷감을 짜는 기계도 발명되었어. 이렇게 영국의 면직물 산업은 점점 더 발전해 나중에는 영국 총 수출액의 절반이나 차지할 정도로 그 규모가 커졌단다.

그런데 이처럼 공장의 기계들이 발전하도록 뒷받침해 준 것이 하나 있어. 바로 1782년에 제임스 와트가 발명한 증기 기관이야. 증기 기관은 그때까지 사용하던 바람이나 동물, 물의 힘 대신에 증기라는 새롭고 강한 동력을 사용할 수 있게 했단다. 또 증기 기관을 이용하는 공장은 어디에나 세울 수 있었고 규모도 크게 늘릴 수 있었지.

그래서 영국 곳곳에는 수천 명이 넘는 노동자들이 일하는 대규모 공장들이 속속 생겨났어. 사람들은 공장의 일거리를 찾아 도시로 계속 몰려들었지. 공장에서 뿜어내는 매연으로 가득한 도시에는 어린아이부터 나이 든 사람들까지 하루 종일 일하는, 이전과 다른 새로운 풍경이 매일 펼쳐졌단다.

이번 정거장에서 더 알아보기

풍요와 함께 사회 문제도 불러온 산업 혁명

산업 혁명이 가져온 변화는 엄청났어요. 과거와는 비교할 수 없을 정도로 값싼 물건들이 세상에 나오자 사람들의 생활은 크게 나아졌지요.
또 이전의 신분제 대신 노동자와 자본가라는 새로운 계층이 생겨났어요. 자본가들은 공장을 키워 더욱 큰돈을 벌었지요. 하지만 노동자들은 적은 돈을 받으면서도 하루 18시간씩 노동에 시달리는 비참한 생활을 했답니다. 심지어는 5살짜리 어린 아이들이 공장에 나와 일하는 경우도 많았지요. 이처럼 산업 혁명은 사람들에게 풍요로움을 선물했으나 이와 함께 도시 빈민, 계층 간의 갈등 같은 문제들도 불러왔어요.

노동자의 권리를 위해 벌어진 운동

산업 혁명 당시 영국의 공장 노동자들은 낮은 임금과 긴 노동 시간으로 고통받았어요. 하지만 기계가 발명되면서 그나마 일하던 공장에서도 쫓겨나게 되었지요. 일자리를 잃은 노동자들은 그것이 기계가 발명되었기 때문이라고 생각해 기계를 부수는 운동을 벌였답니다. 바로 '러다이트 운동'이에요.
그 뒤 노동자들은 자신들의 뜻을 의회에 전달하려면 투표권을 가져야 한다고 생각했어요. 그러고는 선거권을 얻기 위한 시위를 벌여요. 이것을 '차티스트 운동'이라고 하지요. 이 운동은 뒷날 노동조합 결성과 선거권 확대에 크게 기여했어요.

33 서양 세력이 청나라를 침략했어요

**1840년
청나라에서 아편 전쟁 시작**

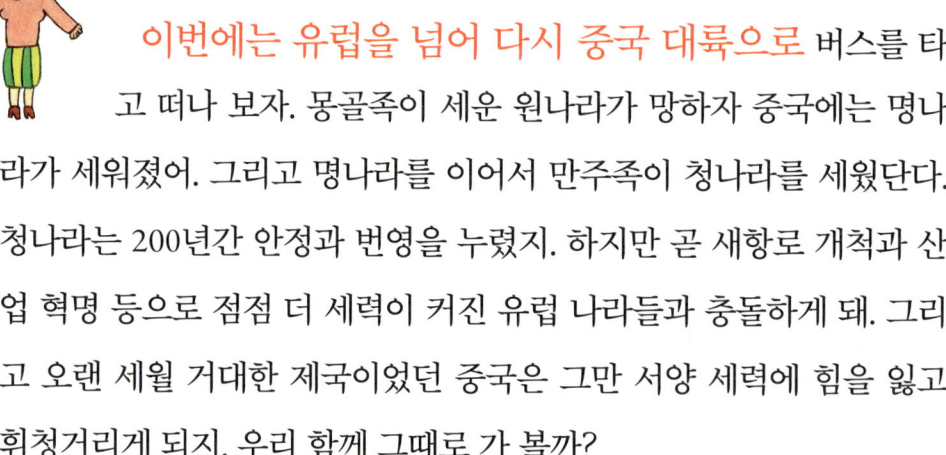

　이번에는 유럽을 넘어 다시 중국 대륙으로 버스를 타고 떠나 보자. 몽골족이 세운 원나라가 망하자 중국에는 명나라가 세워졌어. 그리고 명나라를 이어서 만주족이 청나라를 세웠단다. 청나라는 200년간 안정과 번영을 누렸지. 하지만 곧 새항로 개척과 산업 혁명 등으로 점점 더 세력이 커진 유럽 나라들과 충돌하게 돼. 그리고 오랜 세월 거대한 제국이었던 중국은 그만 서양 세력에 힘을 잃고 휘청거리게 되지. 우리 함께 그때로 가 볼까?
　영국은 18세기 초부터 청나라에 아편을 몰래 수출했어. 아편은 중독성 강한 마약의 한 종류지. 그런데 왜 아편을 수출한 걸까? 원래 청나

라는 영국에 차를 수출했고, 영국은 청나라에 모직물을 수출했어. 영국인들이 홍차를 좋아해 청나라에서 들여오는 차의 양은 날이 갈수록 늘었지. 하지만 영국의 모직물은 청나라에서 별 인기가 없었단다.

이런 무역은 영국 입장에서는 손해였어. 영국은 무역 적자를 줄이기 위해 청나라에 몰래 아편을 팔기 시작했지. 시간이 흐르자 영국에서 들어온 아편에 중독된 청나라 사람들이 늘어났어. 그들은 아편을 사느라 생활이 어려워졌고 이런 근심을 잊으려고 다시 아편을 찾는 악순환에 놓이게 되었지.

결국 청나라에서는 아편을 금지했어. 그런데도 영국이 계속 아편을 팔자, 청나라는 어느 날 영국의 상선을 기습해 2만 상자가 넘는 아편을 모두 바다에 내다 버렸어. 이에 영국은 전쟁을 벌이려 했어. 하지만 영국 안에서는 거대한 중국 대륙을 지배하는 청나라를 어떻게 이기겠냐는 반대 의견이 많았단다.

하지만 영국은 결국 전쟁을 선포했고, 1840년 1월 5일 청나라로 진격해 2년 만에 승리를 얻어 냈단다. 이러한 결과는 당시 청나라의 국력이 약해져 있었기 때문이었어.

아편 전쟁이 끝나고 영국과 청나라는 난징 조약을 맺었어. 이 조약의 내용은 청나라가 전쟁 배상금을 지불하는 것, 중국 상하이를 비롯해 5개 항구를 개항하는 것, 홍콩을 영국에 넘겨주는 것, 관세 결정권을 내주는 것 등 청나라에 매우 불리했단다. 이로써 큰 나라인 청나라가 '이빨 빠진 호랑이'에 불과했음이 전 세계에 알려졌지. 그러자 프랑스와 독일, 미국뿐 아니라 일본까지 청나라를 집어삼키려고 몰려들기 시작했어.

청나라 사람들은 아편 전쟁의 패배로 큰 충격을 받고 부국강병에 힘써야겠다는 결심을 했어. 하지만 청 왕조는 이미 힘을 잃은 뒤였단다. 1851년에는 무능한 조정을 대신해 홍수전이라는 사람이 태평천국의 난을 일으켰어. 가난에 시달리던 농민들 1만 명을 모아 청나라를 타도하고 태평천국을 세우려 한 거야. 민중들의 큰 지지를 받은 태평천국 군대는 양쯔강 근처 도시들을 점령하고 남경을 수도로 정했지만 영국군과 청나라의 진압으로 14년 만에 멸망했단다.

이번 정거장에서 더 알아보기

톈진 조약과 베이징 조약의 시작이 된 애로호 사건

아편 전쟁은 중국 사람들의 자존심에 큰 상처를 입혔어요. 난징 조약이 맺어진 뒤로는 외세에 대해 반대하는 청나라 민중들의 목소리가 더욱 커졌지요. 민중들의 거센 반발에 청나라 정부는 난징 조약 내용을 사실상 잘 이행하지 못할 정도였어요. 그럴 즈음 제2차 아편 전쟁이라고 불리는 애로호 사건이 터졌어요. 중국 화남 지방 광저우에 정박 중이던 영국 상선 애로호의 선원 10여 명이 해적 혐의를 받고 청나라 관리에게 붙잡힌 것이었지요. 그러자 이 일에 분노한 영국이 중국 북부의 톈진과 베이징 등을 점령하고 말아요. 청나라는 이번에도 아무런 손을 쓰지 못하고 1858년 톈진 조약을 맺어야 했답니다.

나중에 청나라는 이 조약에 대해 불만을 나타냈어요. 하지만 영국은 다시 군대를 동원해 위협하면서 1860년 베이징 조약까지 맺게 했지요. 이 조약으로 청나라는 외국인들이 나라 안으로 들어오는 것을 허락했고, 난징 조약 때의 5개 항구 말고도 10개의 항구를 더 열어야 했답니다. 또 크리스트교의 포교 활동도 허락해야 했어요.

청나라에게 아편 전쟁은 더욱 세력이 커지는 서구 열강들과 냉엄한 세계 질서 속에서 청나라의 현재 모습을 바라보게 한 계기가 되었답니다.

34 미국에 남북 전쟁이 일어났어요

**1861년
미국 남북 전쟁 시작**

우리 버스는 이제 독립 전쟁을 치르고 새로 태어난 나라 미국에 와 있단다. 전쟁 뒤 미국은 빠르게 발전했어. 미국 남부에는 기름진 땅이 펼쳐져 담배와 면화를 키우는 대농장이 많이 들어섰고, 북부는 농업 대신 상업과 공업이 발달했지.

그런데 남과 북의 산업이 이처럼 서로 다르다 보니 문제가 생겼어. 북부에서는 국내 산업을 보호하기 위해 수출품과 수입품에 세금을 매기는 보호 무역을 주장했어. 하지만 남부에서는 면화를 영국에 더 많이 수출하기 위해 자유 무역을 하자고 했어. 그리고 이런 경제적 입장 차이는 나중에 분쟁의 씨앗이 되었단다.

이보다 더 큰 문제는 노예제였어. 남부에서는 대농장에서 일할 노예가 많이 필요했기 때문에 노예제를 찬성했어. 남부 인구의 3분의 1이 노예일 정도였으니까. 하지만 노예 일손이 크게 필요 없는 북부에서는 노예제를 반대했지.

그러다가 1820년, 결국 북위 36도를 기준으로 남쪽에서만 노예제를 인정하기로 결정했단다. 그러다 보니 남부의 노예들이 탈출해 북부로 오는 경우가 많아졌어. 1861년에는 링컨이 대통령에 당선되었는데 그 역시 노예제를 반대하자, 남부는 미합중국을 탈퇴하겠다고 나섰단다. 그러고는 남부의 공격을 시작으로 남북 전쟁이 시작되었어.

노예 제도를 풍자하는 그림
남부의 농장 주인들이 노예 제도에서 도망치려는 흑인 노예를 붙잡는 모습이에요.

처음 2년 동안은 북부와 남부가 서로 팽팽하게 맞섰지만 시간이 흐를수록 인구가 많고 전쟁에 필요한 물자를 만들어 낼 수 있었던 북부 쪽이 점점 유리해졌어.

전쟁이 한창이던 1863년 링컨 대통령은 노예 해방령을 발표했어. 그리고 북부가 게티즈버그 전투에서 승리하면서 전쟁의 주도권까지 잡게 되었단다. 당시 링컨 대통령은 '국민의, 국민에 의한, 국민을 위한 정부가 이 땅에서 사라지지 않도록 하자.'는 연설로 사기를 높였고, 북부군은 마침내 리치먼드를 점령하면서 전쟁에서 승리했어.

그 뒤 미국에서 노예 제도는 사라졌단다. 흑인 노예들은 법적으로 시민으로서 자유와 선거권을 인정받았지. 하지만 오랜 세월 흑인은 차별받으며 사회 전반에 걸쳐 실질적이고 완전한 권리를 행사하지 못했어. 당연히 그에 대한 반발과 투쟁 역시 계속되었단다.

이번 정거장에서 더 알아보기

노예제를 고발한 작품, 《톰 아저씨의 오두막》

《톰 아저씨의 오두막》은 해리엇 비처 스토 부인이 1852년에 펴낸 소설이에요. 주인공 톰은 노예였지만 주인의 사랑을 듬뿍 받았지요. 하지만 이 주인은 빚을 갚기 위해 톰을 다른 농장에 팔아요. 그 뒤 이리저리 팔려 다니던 톰은 목화 농장에서 끔찍한 노동에 시달리게 되고, 어려움에 처한 다른 노예를 구하기 위해 나섰다가 대신 매를 맞아 죽고 말아요. 이 책을 통해 많은 사람들은 노예의 비참한 삶을 가슴깊이 공감하게 되었고 노예제 폐지에 뜻을 같이 하게 되었지요.

노예를 해방시킨 에이브러햄 링컨(1809 ~ 1865)

미국의 제16대 대통령이에요. 남북 전쟁을 북부의 승리로 이끌고 노예를 해방시켰지요. 그는 독학으로 변호사가 된 후 하원 의원을 거쳐 대통령에 당선되었어요. 그는 명연설가이기도 했어요. 게티즈버그에서의 연설은 미국의 전통인 자유, 평등, 민주주의의 상징이 되었고, 역사를 통틀어 가장 많이 인용되는 말로 손꼽히지요. 그러나 안타깝게도 그는 대통령 임기 중에 암살되고 말았답니다.

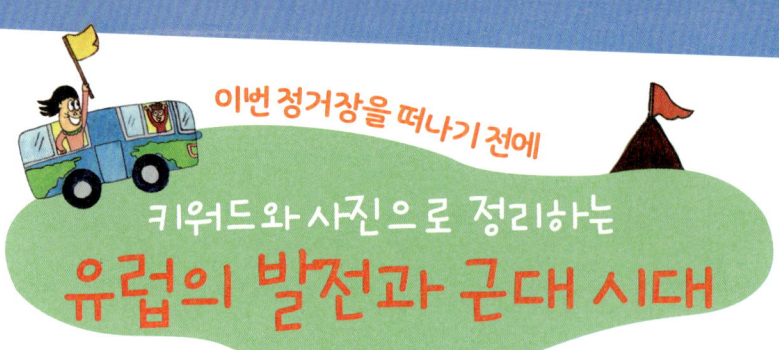

이번 정거장을 떠나기 전에
키워드와 사진으로 정리하는
유럽의 발전과 근대 시대

🎡 근대에 등장한 시민 계급

근대가 시작되면서 유럽 곳곳에서는 혁명이 일어나기 시작했어요. 종교의 속박과 절대 왕권에서 벗어나기 위해 민중들이 스스로 거리로 뛰쳐나온 것이지요. 혁명이 성공을 거두면서 민중들은 '시민'이라는 새로운 계급을 만들어 냈어요. 이들은 지주나 자본가 계급이 아닌 농민이나 노동자, 기술자들로 점차 자신들의 권리를 주장하기 시작했지요. 그러면서 근대 민주주의 제도와 산업 혁명을 통한 근대 자본주의 경제 체제도 받아들였답니다.

🎡 절대 왕권 시대에 나타난 바로크 양식

바로크 양식은 17세기 말부터 18세기 초까지 유럽에서 유행했던 예술 형식을 말해요. 복잡하고 화려하며 장식과 기교를 많이 부린 것이 특징이지요.
바로크 양식의 대표적인 건축으로는 베르사유 궁전이 있어요. 미술가로는 렘브란트와 루벤스, 음악에서는 바흐와 헨델 등이 있고요.
바로크 양식을 이어서는 로코코 양식이 등장했는데, 바로크 양식이 우아하고 경쾌한 남성적 분위기였다면 로코코는 여성적이고 감각적이었어요.

렘브란트의 《바닝코크 대장의 민병대(야간 순찰)》

시민 문화가 발달하면서 바로크 미술에서는 시민들의 모습을 담은 그림도 나타났어.

다윈의 진화론이 담긴 《종의 기원》

다윈을 비꼰 영국의 풍자 만화

인간이 원숭이에서 진화되었다는 다윈의 발언을 비꼬기 위해 영국의 한 신문이 실은 풍자 만화야.

《종의 기원》은 다윈이 진화론에 대해 쓴 책이에요. 다윈은 비글호를 타고 갈라파고스 제도를 탐사하면서 모든 생명체들은 환경에 더 잘 적응하도록 진화해 나간다는 사실을 깨닫게 되었어요.

1859년에 출간된 이 책은 그러한 그의 생각을 담은 것이었지요. 하지만 이는 하느님이 세상을 만들었다는 당시 사람들의 믿음을 부정하는 내용이었기 때문에 출간되자마자 큰 논란을 일으켰답니다.

중국의 근대 민족 운동, 태평천국 운동

태평천국 운동을 이끈 홍수전
평등과 민주주의를 주장하며 태평천국 운동을 주도한 사람이에요.

아편 전쟁에서 영국에게 진 다음, 중국 국민들 사이에서 만주족의 나라 청을 몰아내고 태평천국을 세우자는 운동이 홍수전을 중심으로 일어났어요. 이들은 또한 외세에 당당히 맞서고 남녀평등을 이루며, 악습을 없애자는 주장도 내세웠지요. 그러나 결국 서양 군대와 청나라 군대의 진압으로 실패하고 말아요. 그러나 이는 중국 근대 역사상 최초의 농민 운동이자 민족 운동으로서 역사적 의의가 크답니다.

기계 발달로 더욱 촉진된 산업 혁명

산업 혁명 때에는 여러 기계가 발명되어 전보다 많은 물건을 생산하는 것이 가능해졌어요. 먼저 실을 만드는 '방적기'가 발명되면서 실 생산량이 최고 300~400배 늘어났지요. 증기를 동력으로 움직이는 '증기 기관'도 있었어요. 증기 기관을 이용해 증기 기관차도 만들어졌고, 기관차가 달릴 수 있는 철로도 생겨났어요. 이처럼 새로운 기계와 기술의 발달은 산업 혁명과 삶의 변화를 더욱 촉진시켰답니다.

아폴로 11호 달 착륙 1969년

두 번의 세계 대전과 현대 시대

제국주의 시대부터 현대의 세계까지

35 일본이 아시아를 식민지 삼으려 했어요

**1894년에서부터 1904년까지
청·일 전쟁과 러·일 전쟁**

밀려 오는 서양 세력에 중국이 휘청거릴 때였어. 맥없이 쓰러지는 중국의 모습에 일본 역시 큰 충격을 받았지. 이에 일본은 서양 세력을 멀리 하고 나라를 지키기 위해 노력했어. 그러나 결국 미국과 불평등 조약을 맺고 나라 문을 열 수밖에 없었지.

하지만 일단 나라 문을 열고 나서는 서구 문물을 적극적으로 받아들였어. 그리고 곧 '메이지 유신'을 통해 성공적으로 근대화를 이룬단다. 일본은 이제 서구 열강들과도 어깨를 나란히 할 수 있다는 자신감을 얻게 되었어. 그러면서 서양 세력을 그대로 따라 자기들도 식민지 개척에 나섰지.

▪ 1940년대 무렵 일본이 점령한 아시아 지역

　일본이 맨 처음 노린 나라는 조선이었단다. 지리적으로 가까운 데다 섬나라인 일본이 대륙으로 뻗어 나가기 위해서 꼭 필요한 발판이 되는 곳이었으니까. 먼저 일본은 신식 군대와 대포를 앞세워 조선에 개항(외국과 통상할 수 있게 항구를 여는 일)을 강요했어. 그러나 조선에 관심을 가진 것은 일본뿐이 아니었어. 청나라나 러시아도 눈독을 들이고 있던 터라 조선을 둘러싼 세 나라의 경쟁은 치열했지.

　이 경쟁에서 일본은 먼저 청나라와 전쟁을 벌여 승리를 거머쥐었어. 그러자 일본의 세력이 커지는 것에 위협을 느낀 러시아가 독일, 프랑스와 함께 일본에 압력을 넣었어. 청·일 전쟁의 대가로 일본이 랴오둥

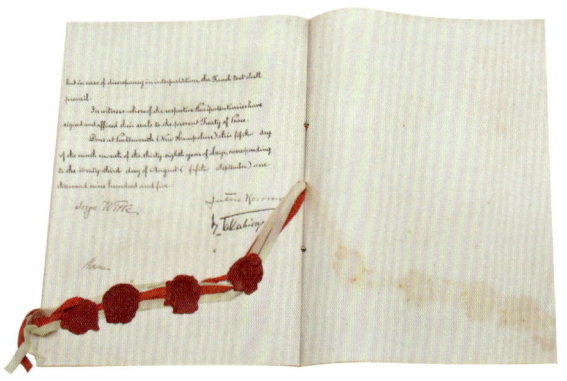

러·일 협정문
러시아가 러·일 전쟁을 끝내면서 맺은 굴욕적인 협정이에요. 이 협정은 조선이 일본의 식민지가 되는 중요한 계기가 되었지요.

반도(요동 반도)를 차지한 것이 부당하다며 청나라에 돌려주라고 주장한 거야. 일본은 세 나라와 전쟁을 벌이는 것은 위험하다고 생각하고 어쩔 수 없이 랴오둥 반도를 내주었어. 하지만 이 일을 시작으로 러시아와 사이가 나빠진 일본은 1904년 만주에 있던 러시아 함대를 갑자기 공격하면서 러·일 전쟁을 시작했단다.

처음에 일본은 승승장구하면서 북쪽으로 향했지만 전쟁이 계속되면서 점차 불리해졌어. 러시아 역시 나라 안에서 혁명의 기운이 감돌고 있어서 긴 전쟁을 치를 여력이 없었어. 결국 미국의 중재로 두 나라는 강화 조약을 맺고 전쟁을 끝냈어. 이 조약의 내용은 일본이 조선에서 우월권을 갖는다는 것, 러시아가 만주에서 물러나는 것 등이었지. 러시아로서는 매우 굴욕적인 조약이었단다.

사실 이 조약의 내용은 미국이 일본을 끌어들여 미리 만들어 둔 것이었어. 각각 필리핀과 조선을 식민지 삼으려고 몰래 도움을 주고받은 것이었지.

어쨌든 동아시아의 작은 섬나라에 불과했던 일본이 러시아와의 싸움에서 승리하자 세상은 깜짝 놀랐어. 일본은 식민지 침탈에 나서는 제국주의 나라 중의 하나로 본격적인 성장을 했단다.

이번 정거장에서 더 알아보기

일본의 근대적 개혁, 메이지 유신

메이지 유신은 일본의 정치, 사회적인 변혁을 말해요. 서구 열강이 아시아로 밀려오면서 일본 역시 미국, 유럽과 통상 조약을 맺을 수밖에 없었어요. 이렇게 되자 지방에서 세력을 가진 사람들은 외세를 받아들인 당시 정부인 '막부'에 불만을 품었어요. 그러고는 막부를 몰아냈지요.

그 뒤로 새로 세워진 메이지 정부는 서구 열강에 맞서기 위해 서구 문물을 적극적으로 받아들이고 개혁을 펼쳤어요. 헌법을 제정하고, 산업과 교통·통신을 발전시키고, 은행 제도도 만들었어요. 이처럼 서구의 문화가 널리 퍼져 나가면서 메이지 유신의 목표는 20세기 초에 대부분 달성되었지요. 이를 통해 일본은 근대 산업 국가로 순조롭게 발전할 수 있었어요.

조선의 지배권을 두고 벌어진 청·일 전쟁

청·일 전쟁은 조선의 지배권을 두고 일본과 청나라가 싸운 전쟁을 말해요. 1885년 일본과 청나라는 중국의 톈진에서 조약을 맺었는데 여기에서 두 나라는 조선에 군대를 보낼 때에는 서로 미리 알리기로 약속했지요. 그러던 중 조선에 동학 농민 혁명이 일어나자 두 나라는 조선에 군대를 보내는 일로 다시 세력 다툼을 시작했어요. 청·일 전쟁에서 승리한 일본은 미국의 중재로 청나라와 '시모노세키 조약'을 맺어요. 이 조약으로 청나라는 조선의 일에 간섭하지 못하게 되었고, 전쟁 배상금을 내는 것은 물론 랴오둥 반도와 타이완까지 일본에 내주게 되었답니다.

36 제1차 세계 대전이 일어났어요

1914년에서부터 1918년까지
제1차 세계 대전의 시작과 종료

　1900년대 초 세계 곳곳에서는 여러 나라들의 세력 다툼이 계속 되고 있었어. 그러다가 세계 전체를 공포로 몰아넣은 엄청난 전쟁이 벌어진단다. 이를 세계 대전이라고 해. 세계 대전은 두 차례에 걸쳐 일어났어. 그중에서도 이번 정거장에서는 제1차 세계 대전에 대해 알아볼 거야. 버스를 타고 함께 가 볼까?

　제1차 세계 대전은 오스트리아 황태자 부부가 보스니아의 수도 사라예보에서 열린 열병식에 참석했다가 총에 맞아 암살되면서 시작되었어. 부부는 그 자리에서 숨졌지. 암살범은 세르비아 해방을 위해 만들어진 비밀 단체의 구성원으로 세르비아를 지배하던 오스트리아에 항

164

■ 제1차 세계 대전의 협상 진영
■ 제1차 세계 대전의 동맹 진영

거한 것이었어.

당시 세계는 영국, 프랑스, 러시아의 3국 협상 진영과 독일, 오스트리아, 이탈리아의 3국 동맹 진영이 서로 팽팽하게 대립하고 있었단다. 그렇지 않아도 살얼음판 같은 상황에 이 사건이 터지자 오스트리아는 기다렸다는 듯 세르비아에 공격을 시작했어. 그러자 세르비아와 같은 슬라브족 국가인 러시아도 오스트리아에 전쟁을 선언했어.

이어 3국 협상 진영과 3국 동맹 진영을 중심으로 일본, 불가리아, 그리스, 터키 등 세계 각국은 줄줄이 전쟁에 참가했단다. 동맹 진영을 주도한 나라는 독일과 오스트리아, 터키였어. 협상 진영을 주도한 나라는

군인을 모집하는 포스터
세계 대전 때 미국에서 군인을 모집하려고 만든 포스터예요. 어떤 때는 학생까지 군인으로 데려갈 정도였답니다.

프랑스, 영국, 러시아였고, 일본과 삼국동맹에서 돌아선 이탈리아도 거들었지. 하지만 전쟁은 동맹 진영과 협상 진영 어느 쪽도 승패를 가리지 못했고, 병사들만 계속 목숨을 잃어 가는 상황이 되었어.

그러던 중 영국 여객선이 독일의 어뢰에 맞아 침몰한 사건이 터졌어. 그런데 이 배에는 미국 사람이 2천 명 정도 타고 있었지. 이 사건으로 미국도 전쟁에 끼어들었단다. 당시 새로 떠오르던 강대국인 미국이 전쟁에 뛰어들자 협상 진영 쪽이 유리해졌어. 동맹 진영 쪽이었던 불가리아는 1918년 9월, 터키와 오스트리아도 각각 10월과 11월에 항복했지. 더 이상 버티기 힘들어진 독일 역시 11월 협상 진영에 항복하면서 전쟁은 끝났어.

전쟁이 끝난 뒤 1919년 프랑스 베르사유 궁전에서는 파리 평화 회담이 열렸어. 여기서 독일은 전쟁에 대한 책임을 지고 상대국에게 엄청난 액수의 배상금을 지불해야 했지. 뿐만 아니라 식민지를 모두 잃었고, 더 이상 무기도 생산할 수 없게 되었단다. 하지만 이 일은 너무 가혹한 조치였던 탓에 독일이 반발하여 뒷날 나치즘이 일어나는 원인이 되었어.

이번 정거장에서 더 알아보기

제1차 세계 대전의 영향

약 4년간에 걸쳐 일어난 제1차 세계 대전은 세계 지도에 큰 변화를 주었어요. 패전국의 지배를 받던 나라들이 비로소 독립을 맞았기 때문이에요. 오스트리아 제국이 해체되어 헝가리와 체코슬로바키아가 독립했고, 세르비아는 보스니아와 통합해 유고슬라비아가 되었지요. 이 밖에도 핀란드와 폴란드가 독립했고, 발트 3국인 에스토니아, 라트비아, 리투아니아도 새로운 나라를 세웠답니다. 새 나라들뿐만 아니라 세계 최초의 국제 평화 기구인 국제 연맹도 생겨났어요. 국제 연맹은 제2차 세계 대전을 거치면서 국제 연합(UN)으로 바뀌지요.

각 민족들의 독립 계기가 된 민족 자결주의 원칙

민족 자결주의는 각 민족이 다른 민족의 간섭에서 벗어나 정치적 운명을 스스로 결정할 권리가 있다는 생각이에요. 개인이 기본 인권을 가진 것과 마찬가지로 민족도 민족 자결이라는 권리가 있다는 주장이지요. 이것은 1918년 제1차 세계 대전이 끝날 무렵 미국의 윌슨 대통령이 처음 발표했는데, 당시 약소 민족들의 열렬한 환영을 받았답니다.

제1차 세계 대전이 끝난 뒤 독일과 오스트리아의 지배 아래 있던 여러 민족들은 민족 자결주의 원칙에 따라 독립하게 되었고, 억압받던 전 세계의 민족들도 해방 운동을 시작하게 되는 계기가 되었어요.

37 러시아에서 혁명이 일어났어요

**1917년
러시아 사회주의 혁명**

　이번 정거장에서는 카를 마르크스와 러시아 혁명에 대해 알아보려 해. 카를 마르크스는 사회주의를 주장한 독일 출신의 학자란다. 사회주의가 뭐냐고? 바로 사람들 사이의 불평등을 없애자는 사상이야. 평등한 사회를 위한 이런 꿈은 당시 가난과 신분제로 모진 고통을 당하던 농민과 노동자들 사이에서 지지를 받았어. 그리고 마침내 이 사상은 러시아에서 처음 혁명으로 터져 나왔지. 그 과정을 자세히 알아볼까?

　마르크스는 1848년 사회주의 역사에서 가장 중요한 책 한 권을 발표했어. 바로 《공산당 선언》이야. 이 책은 영국 런던에서 발간되자마자

카를 마르크스(1818~1883)
당시의 고전 경제학을 비판하고 사회주의를 만들어 냈어요. 프롤레타리아의 혁명을 통해 평등 사회를 이룰 수 있다고 주장했어요.

세계 각국어로 번역되어 퍼져 나갔지. 이 책에서 그는 산업 사회에서 임금을 받고 살아가는 노동자 계급을 '프롤레타리아'라고 불렀어. 그리고 프롤레타리아들이 혁명을 일으켜 평등 사회를 만들어야 한다고 주장했어.

　마르크스는 가난하게 생활하면서도 연구를 이어 가 곧 《자본론》을 다시 펴냈단다. 이 책에는 모든 인간이 인간다운 생활을 할 수 있는 사회를 만들어야 한다는 주장을 담았어. 이렇듯 평생 동안 연구에 몰두한 그는 노동자들을 착취하는 자본주의는 몰락하고 반드시 사회주의가 올 것이라고 확신했어. 이 사상은 그가 죽은 뒤 더욱 널리 퍼져 나가

겨울 궁전
러시아 상트페테르부르크에 있는 궁전이에요.
이곳이 러시아 혁명의 배경이 되었지요.

러시아 황제들이 겨울에 묵던 궁전이어서 겨울 궁전이라고 해.

유럽 곳곳에서 사회주의 운동이 일어나게 했는데, 처음으로 성공한 나라가 바로 러시아였단다.

제1차 세계 대전이 끝난 뒤 러시아에서는 굶주림에 허덕이는 노동자들의 시위가 매일 일어났어. 황제는 노동자들의 시위를 탄압했지. 그러나 황제의 가혹한 정치에 시위를 진압하던 병사들마저 마음을 돌리고 말았어. 병사들은 시위대와 한마음이 되어 그들의 총과 무기를 시위대에게 나눠 주고는 황제가 머무는 겨울 궁전으로 함께 몰려갔어. 그리하여 1917년 겨울 궁전에는 혁명의 깃발이 걸렸고 황제는 혁명군에게 살해당하고 말아.

이로써 러시아 혁명은 성공했어. 당시 혁명의 중심에 있던 인물인 레닌은 평의회(소비에트)를 조직하고, 새로운 헌법을 만들어 프롤레타리아 계급이 나라를 다스리는 것으로 결정했단다.

한편 러시아에서 혁명이 성공하자 영국과 프랑스 등은 자기 나라로 혁명의 불똥이 튈까 봐 러시아 혁명이 더 진행되지 못하게 하려 했어. 하지만 실패했지. 레닌은 농민들에게 땅을 나누어 주고 수도를 모스크바로 옮긴 다음 노동자와 농민이 중심이 된 최초의 사회주의 국가 '소비에트 사회주의 공화국 연방(소련)'을 탄생시켰단다.

이번 정거장에서 더 알아보기

사회주의 이념을 만든 사상가, 카를 마르크스(1818 ~ 1883)

독일의 경제학자였던 마르크스는 유대인 변호사의 아들로 태어났어요. 그는 베를린 대학교에서 법학, 철학, 역사를 공부한 다음 〈라인신문〉의 편집장으로 일했지요. 그 뒤 프랑스로 간 다음에는 사회주의를 연구하고 공산주의자 연맹에 가입해 엥겔스와 함께 《공산당 선언》을 써 발표했어요.

1848년에는 각지에서 혁명 운동에 참가했다가 실패하고는 영국 런던으로 망명했어요. 영국으로 온 그는 대영박물관 도서관에서 경제학을 연구하면서 《경제학 비판》, 《자본론-제1권》 등을 출간했어요. 그의 사상은 유럽의 사회주의와 공산주의 운동의 이념적 발판이 되어 세계에 큰 영향을 미쳤답니다.

러시아 혁명의 지도자 레닌(1870 ~ 1924)

러시아 공산당을 만든 레닌은 위대한 혁명 사상가이며 지도자로 손꼽혀요. 그는 마르크스의 사상에 관심을 가지고 카잔 대학교 법학과에 입학해 공부했으나 불법 집회에 참가했다는 이유로 대학에서 쫓겨났다고 해요.

그는 그 뒤 혁명가들을 사귀면서 '노동 계급 해방 투쟁 동맹'을 만들었지요. 그 다음에는 러시아 사회 민주 노동당의 볼셰비키파를 이끌면서 스위스에 망명해 있다가 러시아로 귀국해 러시아 혁명을 성공시켰답니다.

38 제2차 세계 대전이 일어났어요

**1939년에서부터 1945년까지
히틀러의 등장과 제2차 세계 대전**

　우리 버스는 다시 세계 대전의 현장에 와 있단다. 제2차 세계 대전은 역사상 최악의 비극으로 기억되지. 자, 그럼 이 비극이 왜, 어떻게 일어나게 되었는지 함께 알아볼까?

　1933년 제1차 세계 대전의 패전국인 독일에서 총선거가 치러졌단다. 여기서 국가 사회주의 독일 노동당, 즉 나치스가 의회의 과반수를 차지하며 승리했어. 나치스를 이끄는 인물은 바로 아돌프 히틀러였지. 히틀러는 당시 경제 불황과 실업난으로 고통받던 독일 사람들의 민족주의를 자극하면서 큰 인기를 끌었어. 또한 그는 당시 유럽에 퍼졌던 사회주의 사상에 거부감을 가졌던 자본가와 지주 계급들로부터도 큰

지지를 받았지.

권력을 쥔 히틀러는 독일의 공산당과 사회민주당을 강제로 해산했어. 노동 조합 활동을 금지했고, 언론의 자유도 억압했지. 또 민족과 국가의 이름으로 이루어지는 일에 반대하면 누구라도 반역자로 바로 처단해 버렸단다.

유대인에 대한 탄압도 시작했어. 처음에는 독일 시민권을 빼앗고 상업 활동을 못하게 하는 정도였다가 1940년대에 들어서면서는 유대인들을 모조리 강제 수용소로 내몰았단다. 이런 히틀러의 폭정에도 독일 사람들은 히틀러가 독일 민족의 자존심을 드높였다며 열렬히 지지했어.

그 뒤 히틀러는 대통령을 겸하는 총통에까지 올라 1935년에는 제1차 세계 대전에서 맺은 베르사유 조약을 어기고 군대를 조직해 오스트리아를 합병했어. 영국과 프랑스는 히틀러가 전쟁을 일으킬까 봐 두려웠단다. 그래서 영토를 더 이상 넓히지 않는 대신 체코의 영토 4분의 1을 내놓으라는 독일의 요구를 고스란히 들어줘야 했어.

그러나 독일의 약속은 오래가지 않았어. 1939년 3월 독일은 체코의 수도 프라하를 점령해 체코를 합병했어. 또 이탈리아와 10년 동안 정치, 군사, 경제적으로 동맹하는 강철 조약을 맺고 러시아와도 불가침 조약을 맺었어. 1939년 9월 1일 마침내 독일군은 영국의 경고를 무시한 채 폴란드 국경을 넘었어. 이로써 제2차 세계 대전이 시작되었단다.

영국과 프랑스가 독일에 전쟁을 선언하자 1940년에는 독일과 일본, 이탈리아가 삼국 동맹 진영이 되었지. 일본이 미국의 해군 기지인 진주만을 기습하면서 미국도 참전했어. 그리하여 총 60개가 넘는 나라가 이 전쟁에 참가했단다.

삼국 동맹은 처음에는 승승장구했으나 시간이 지나면서 반대편인 연합군이 유리해졌어. 그리고 1944년 미국의 아이젠하워가 이끄는 연합군이 프랑스 노르망디 해안에 상륙하는 데 성공하자 독일은 이듬해 항복했지. 일본 역시 미국이 히로시마와 나가사키에 원자 폭탄을 떨어뜨리자 항복했어. 6년여에 걸친 전쟁은 이렇게 끝이 났단다.

이번 정거장에서 더 알아보기

국가의 이익만을 생각한 파시즘과 나치즘

파시즘은 국가와 인종, 민족이 개인보다 중요하다고 여기는 극단적인 이념이에요. 파시즘은 이탈리아에서 처음 시작되었는데, 제1차 세계 대전이 끝난 뒤 정치가 불안하고 경제가 어려워지면서 생겨난 것이었어요. 무솔리니라는 사람은 파시스트당을 만들어 권력을 잡은 뒤 다른 모든 정당을 없애고 독재 정치를 펼쳤어요.

한편 독일에서도 파시즘의 일종인 나치즘이 생겨나 특정 인종의 우월성을 강조하며 유대인을 탄압하는 일이 벌어졌어요. 그리고 마침내 인류의 최대 비극인 제2차 세계 대전까지 이르게 되었지요.

총 소리 없는 또 다른 전쟁인 냉전

냉전은 총과 대포는 사용하지 않지만 경제나 외교 등에서 서로 대립하는 상태를 말해요. 제2차 세계 대전이 끝난 뒤부터 1991년 소련이 붕괴할 때까지를 냉전 시대로 부르지요. 이 시기 동안 미국을 중심으로 한 자유주의 국가들과 소련을 중심으로 한 공산주의 국가들은 서로 대립했어요.

총과 대포가 등장하는 전쟁처럼 뜨겁지 않고 냉랭하다는 의미에서 차가운 전쟁, 즉 냉전이라고 한답니다. 이러한 냉전은 1980년대 들어서 소련이 개혁 개방 정책을 펼치면서 조금씩 약해지다가 소련 연방이 해체되면서 끝나게 되었어요.

39 인류가 우주로 나아가요

**1969년
아폴로 11호의 달 착륙**

　　인류가 탄생한 이래 사람들은 하늘과 우주에 대한 궁금증이 늘 있었어. 그래서 비행기를 만들었고 마침내 우주선까지 쏘아 올리게 되었지. 우주로 나아가는 인간의 모습은 당시에도 그랬지만 오늘날의 우리 눈에도 신기하고 감동스러워. 자, 이번 정거장에서는 우주로 함께 나아가 보자!

　우주를 탐사하기 위한 인공위성을 가장 처음으로 만든 나라는 소련이야. '길동무'라는 뜻의 스푸트니크 1호는 1957년 10월 4일 우주로 올라가 지구 궤도를 도는 데 성공했지. 스푸트니크호는 네 개의 안테나를 단 공 모양으로 지름이 58센티미터, 무게가 84킬로그램 정도였

어. 이 인공위성의 역할은 대기에 관한 데이터를 기록하고 이 기록을 지구로 전송하는 정도로 간단했지만 그 뒤 우주 시대를 여는 신호탄이 되었단다. 그로부터 한 달 뒤에는 '라이카'라고 불린 개까지 태운 스푸트니크 2호를 쏘아 올렸지. 생명체가 우주로 향하게 되면서 본격적인 우주 시대가 열리게 된 거야.

그렇다면 처음으로 우주선에 탄 사람은 누구일까? 바로 유리 가가린이라는 소련의 우주 비행사야. 그는 1961년 보스토크 1호를 타고 지구를 한 바퀴 돈 다음 무사히 돌아왔단다. 대기권 밖에서 지구를 바라본 그는 "지구는 푸르다."라고 말했지.

아폴로 11호에 탔던 우주 비행사들
맨 왼쪽이 닐 암스트롱이에요. 그는 가장 먼저 달 표면에 발을 내디뎠어요.

이렇게 소련이 우주 여행에 성공하자 미국도 우주로 향했어. 유리 가가린이 우주 여행을 마치고 온 그해, 침팬지를 태운 미국의 인공위성도 1시간 28분 동안 지구를 두 바퀴 도는 데 성공했지.

그러다가 8년 만인 1969년 7월 20일 미국의 아폴로 11호가 달에 도착하는 데 성공했어. '고요한 바다'라고 이름 붙여진 달 표면에 착륙한 우주인 암스트롱은 달을 밟은 최초의 사람이야. 그는 당시 "한 인간에게는 작은 걸음일 뿐이지만 전 인류에게는 거대한 도약이다."라는 소감을 밝혔단다. 암스트롱은 달 표면을 걸어 다니며 미국 국기를 꽂고 샘플용 흙을 담았어. 그리고 7월 24일 무사히 지구로 돌아왔단다.

하지만 우주 탐사는 결코 쉬운 일만은 아니었어. 1971년 소련은 사람 세 명을 태운 살류트 1호를 발사했지만 23일 뒤 돌아왔을 때는 세 명 모두 숨져 있었어. 또 1986년 우주 왕복선 챌린저호는 발사 73초 만에 공중 폭파되어 탑승했던 우주 비행사 7명이 모두 사망했지.

물론 지금은 수천 개의 인공위성이 우주를 누비고 있어. 또 우주를 향한 연구가 앞으로도 계속될 테니 머지않아 달을 넘어 다른 태양계까지 가 볼 수 있는 시대가 올지도 몰라.

이번 정거장에서 더 알아보기

여러 나라가 함께 만드는 국제 우주 정거장

국제 우주 정거장은 미국과 일본, 유럽 등 전 세계 16개국이 참여해 만드는 가장 큰 다국적 우주 정거장이에요. 최초의 우주 정거장은 1971년 발사돼 우주선 소유즈 10호와 결합한 소련의 살류트예요. 두 번째는 1973년에 미국이 발사한 스카이랩이고, 세 번째는 소련의 미르예요.

국제 우주 정거장은 세 번째 정거장인 미르의 수명이 다하자 새로 만들어지게 되었지요. 우주인 7~10명이 오랫동안 머무를 수 있는 이 정거장은 앞으로 인류의 우주 진출에 큰 역할을 할 것으로 기대돼요. 국제 우주 정거장은 지구 궤도에서 약 350킬로미터 고도 위에 떠 있기 때문에 기상 조건에 따라 지구에서 직접 볼 수도 있답니다.

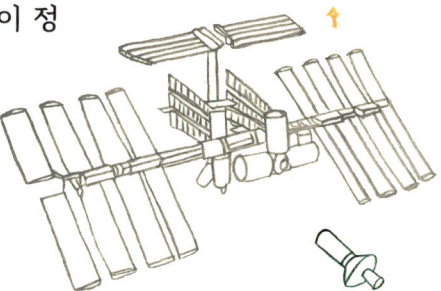

달에 처음 발을 내딛은 닐 암스트롱(1930 ~ 2012)

인류 최초로 달에 발을 디딘 사람이에요. 1962년 우주 비행사 시험에 합격해, 1966년 인공위성 제미니 8호의 선장이 되어 지구 주위를 도는 궤도 위에서 표적 로켓과 결합하는 데 처음으로 성공했어요. 그 뒤 아폴로 11호의 선장이 되어 1969년 7월 20일 버즈 올드린, 마이클 콜린스 비행사와 함께 달에 도착했지요. 암스트롱은 2시간 반 동안 달을 탐사한 뒤, 지진계 등을 설치하고 모래와 암석을 모아 담아 무사히 지구로 돌아왔어요.

40 냉전 시대가 막을 내려요

**1990년부터 1991년까지
독일의 통일과 소련의 붕괴**

베를린 장벽이 무너졌다!

우리 버스는 이제 세계사의 마지막 정거장에 도착했단다. 아프리카에서 첫 인류가 탄생한 뒤로 인류는 정말 다양한 정치와 사회, 문화, 제도를 만들어 냈어. 또한 이렇게 복잡해진 세계는 여러 우여곡절을 겪으며 변해 왔지. 다행히도 이번 정거장에서는 세계 속에서 화해의 분위기를 느낄 수 있어.

1985년 소비에트 사회주의 공화국 연방(소련)의 새로운 서기장으로 미하일 고르바초프가 선출되었어. 서기장은 사회주의 국가에서 가장 높은 직위지. 고르바초프는 이전의 지도자들과는 달리 새로운 생각을 가진 개혁적인 사람이었어. 당시 소련은 계속되는 경기 침체와 물자

미하일 고르바초프(1931~)
개혁과 개방 정책을 펴 소련에 큰 변화를 가져온 것은 물론 동유럽의 민주화에도 큰 영향을 미쳤어요.

부족으로 모든 국민들이 힘들게 살고 있었단다. 고르바초프는 이러한 문제를 더 이상 그냥 둘 수 없다고 생각하고 개혁과 개방을 주장하기 시작해.

 이듬해 열린 공산당 전당 대회에서 그는 '소련 경제와 사회 발전을 위한 기본 방향'을 발표하면서 개인의 창의력을 강조하고, 경제 활동을 자유로운 시장 기능에 맡기기로 결정했어. 또 국가가 모든 것을 결정하는 계획 경제의 문제점을 인정하고, 일부 개인과 사기업의 이윤 추구를 허락했어.

 이것은 당시 소련이 나라 이념으로 채택했던 공산주의 체제의 근본

베를린 장벽
소련과 동유럽의 개혁 바람을 타고 독일 역시 분단 41년만에 베를린 장벽을 허물고 통일을 이루었어요.

을 허무는 큰 변화였단다. 그의 개혁은 경제에서만 그치지 않았어. 정치 개혁도 시작해 소련 최초의 의회 자유선거가 실시되었지. 이 선거에서는 소련 정치의 개혁파가 대다수 당선되었어. 그 결과 고르바초프가 초대 대통령으로 선출되었단다.

국제 사회에서는 고르바초프의 개혁을 반겼어. 공산주의 나라와 자유주의 나라가 화해하면서 이데올로기 때문에 서로 갈등하고 군사력을 낭비하지 않아도 되었으니 말이야. 덩달아 동유럽 공산 국가들 사이에서도 개혁 운동이 퍼져 나갔어. 또 독일에서는 베를린 장벽이 무너지면서 서로 다른 이데올로기로 나누어져 있던 독일이 통일되었지.

고르바초프의 개혁은 결국 소비에트 사회주의 공화국 연방(소련)을 역사 속으로 사라지게 한 원인도 되었단다. 소련은 원래 15개 공화국이 모여 만들어진 나라였는데, 1991년 옐친 러시아 공화국 대통령과 우크라이나 대통령 등이 소련에서 탈퇴해 완전한 주권을 갖는 '독립 국가 연합'을 결성한다고 선언한 거야. 그러자 나머지 공화국들도 독립을 주장했어. 그래서 소련은 세워진 지 74년 만에 역사 속으로 사라지게 되었단다.

독일을 둘로 나누었던 베를린 장벽

제2차 세계 대전이 끝나고 독일은 미국과 영국, 프랑스, 소련이 점령했어요. 그리고 1949년 미국, 영국, 프랑스가 점령했던 독일의 서쪽 지역에는 독일 연방 공화국이, 또 동쪽에는 공산주의 국가 이념을 가진 독일 민주 공화국이 세워졌답니다. 나라가 둘로 나뉜 것이에요. 수도 베를린 역시 동서로 나뉘었고요.

하지만 서독보다 경제가 어려웠던 동독의 사람들은 서독으로 탈출하는 일이 많았어요. 동독 정부는 이를 막기 위해 1961년에 동·서 베를린 사이에 40여 km에 이르는 길고 두꺼운 콘크리트 담벽을 세웠는데, 이것이 바로 베를린 장벽이에요.

그 뒤 소련의 개혁과 함께 동독에서도 민주화의 바람이 몰아치면서 마침내 1989년 11월 9일, 동서독의 시민들은 저마다 망치를 들고와 베를린 장벽을 부쉈어요. 베를린 장벽이 무너진 지 1년 뒤에는 독일의 통일이 이루어졌답니다.

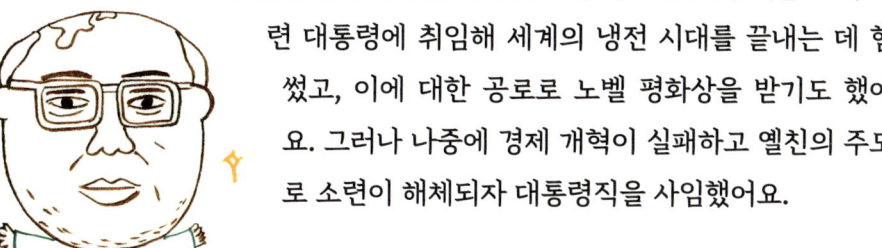

개혁과 개방을 외친 고르바초프(1931 ~)

고르바초프는 농부의 아들로 태어나 모스크바 대학 법학부를 졸업하고 소련 공산당 중앙 위원을 거쳐 1985년 소련의 서기장이 되었어요. 그는 개방과 개혁 정책을 추진해 국내외에 큰 영향을 미쳤지요. 1990년에는 초대 소련 대통령에 취임해 세계의 냉전 시대를 끝내는 데 힘썼고, 이에 대한 공로로 노벨 평화상을 받기도 했어요. 그러나 나중에 경제 개혁이 실패하고 옐친의 주도로 소련이 해체되자 대통령직을 사임했어요.

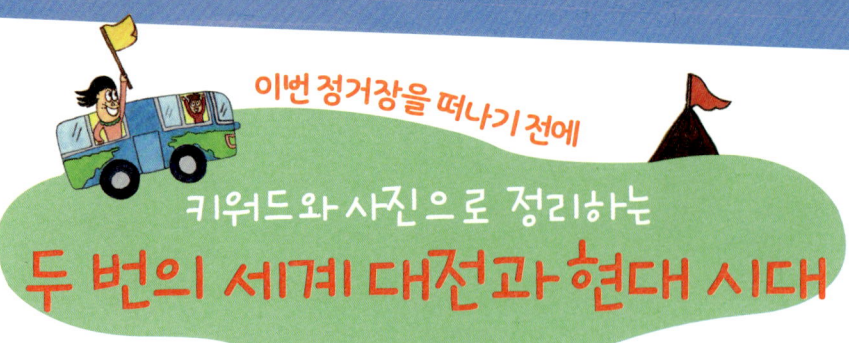

이번 정거장을 떠나기 전에
키워드와 사진으로 정리하는
두 번의 세계 대전과 현대 시대

⚙ 리빙스턴과 스탠리의 아프리카 탐험

영국의 선교사 리빙스턴은 당시까지만 해도 잘 알려져 있지 않았던 아프리카를 1864년부터 여러 차례 탐험했어요. 그는 아프리카 원주민들에게 크리스트교를 전파하면서 아프리카의 문화를 오랫동안 연구했지요. 또 이를 바탕으로 고국으로 돌아와 《전도 여행기》라는 책을 썼어요. 1871년 탐험 때에는 아프리카에서 열병에 걸려 죽을 고비를 겪었으나 영국의 탐험가 스탠리 일행을 만나 극적으로 구조되기도 했답니다.

미국 〈뉴욕 헤럴드〉지의 특파원이자 탐험가였던 영국 출신의 스탠리는 1871년 아프리카에서 행방불명된 리빙스턴 찾아 아프리카 땅에 처음 발을 내디뎠어요. 그는 리빙스턴을 구조한 뒤로도 아프리카 탐험을 계속해 1874년부터 1877년까지 나일강의 발원지를 찾아내고, 콩고 땅을 다니며 지도를 만들었답니다. 리빙스턴과 스탠리 같은 유럽인들의 탐험으로 아프리카는 유럽에 널리 소개되었어요. 하지만 이는 아프리카가 유럽의 식민지로 오랜 세월 착취당하는 원인이 되기도 했지요.

⚙ 미국에서 시작된 세계 경제 대공황

1929년 미국 뉴욕 주식 시장의 주가가 폭락하면서 세계 경제 대공황이 시작되었어요. '공황'은 산업이 침체에 빠지고, 기업이 파산하며 실업자가 많아지는 등 경제가 급격한 혼란에 빠지는 것을 말해요.

미국에서 시작된 대공황은 1931년에서 1933년까

실업자들의 행진

경제 위기가 닥치자 많은 공장과 기업들이 문을 닫고, 많은 사람들 실업자가 되었어.

일본 히로시마에 떨어진 원자 폭탄이 버섯 구름을 일으키고 있는 모습이야.

히로시마에 떨어진 원자 폭탄

지 전 세계로 퍼져 나갔어요. 세계 각국은 이 어려움을 해결하기 위해 세계경제회의를 개최하는 등 여러 노력을 기울였지요. 그리고 1930년대 후반 제2차 세계 대전이 일어나 군수 물자의 생산이 늘어나면서 세계 경제 대공황은 서서히 끝나게 되었어요.

핵무기 개발 계획인 맨해튼 프로젝트

1930년대부터 유럽과 미국의 물리학자들은 핵분열을 통한 무기를 만들기 위해 노력하고 있었어요. 특히 독일과 이탈리아 등이 전쟁을 일으킬 수 있다는 위기감이 닥치자 다른 나라들은 이탈리아나 독일보다 앞서 핵무기를 만들어야 되겠다고 생각했지요.

그리고 미국은 영국, 캐나다와 함께 핵무기를 만들기 위해 비밀 프로젝트를 시작했는데, 이것이 바로 '맨해튼 프로젝트'예요. 이 프로젝트에는 아인슈타인과 페르미, 오펜하이머 등의 유명한 과학자들도 참여했어요. 이렇게 개발된 첫 번째 핵무기인 원자 폭탄은 제2차 세계 대전 때 일본의 히로시마와 나가사키에 떨어졌어요.

누구나 손쉽게 탈 수 있는 포드 자동차

헨리 포드는 세계 최초로 자동 생산 시스템으로 자동차를 만들기 시작했어요. 당시 자동차는 사람이 손으로 일일이 부품을 만들어 조립해야 했기 때문에 아주 비쌌어요. 하지만 헨리 포드는 누구나 탈 수 있는 저렴한 자동차를 만들고 싶었지요.

그는 공장에 컨베이어 벨트를 설치해 노동자들에게 벨트 앞에서 자기가 맡은 부분만 작업하도록 했어요. 덕분에 작업 속도는 엄청나게 빨라져 1시간에 1대의 자동차를 만들 수 있게 되었답니다. 그렇게 자동차의 값이 싸지자 많은 사람들이 자동차를 가질 수 있었어요. 이로써 포드 자동차는 1920년대 중반 미국 자동차 생산의 절반을 차지할 정도가 되었답니다.

포드 자동차
자동 생산 시스템으로 완성된 포드 자동차가 막 출고되는 모습이에요.

세 계 사 연 표

★기원전

400만 년경 오스트랄로피테쿠스 출현
40만 년경 불의 사용법 발견
4만 년경 호모사피엔스사피엔스 출현
1만 년경 농경과 목축 시작
3500년경 메소포타미아 문명 시작
3000년경 이집트 문명 시작
2500년경 인더스 문명 시작
2000년경 황허 문명 시작
1800년경 함무라비 왕, 메소포타미아 통일
563년경 인도, 석가모니 탄생
492년 페르시아 전쟁 시작
330년경 알렉산드로스, 대제국 건설
264년 포에니 전쟁 시작
221년 진시황제, 중국 통일
202년 중국, 한나라 건국
27년 로마, 옥타비아누스의 제정 시작

★기원후

30년경 크리스트교 성립
226년 사산 왕조 페르시아 건국
296년 사산 왕조 페르시아, 로마와 전쟁
375년 게르만족의 대이동 시작
392년 크리스트교, 로마 국교로 승인
395년 로마 제국, 동서로 분열
476년 서로마 제국 멸망
529년 유스티니아누스 황제, 법전 편찬
537년 콘스탄티노플, 성 소피아 대성당 완성
552년 튀르크(돌궐) 제국 성립
570년 무함마드 탄생
589년 수나라, 중국 통일
610년 무함마드, 이슬람교 창시
618년 중국, 당나라 건국
622년 헤지라(이슬람의 기원 원년)
651년 사산 왕조 페르시아 멸망
711년 이슬람, 유럽 침략 시작
843년 프랑크 왕국 분열
907년 당나라 멸망, 5대 10국 시대 시작
960년 송나라, 중국 통일
962년 신성 로마 제국 건국
1037년 셀주크 튀르크 제국 건국
1054년 크리스트교, 동서로 분열
1077년 카노사의 굴욕
1096년 십자군 전쟁 시작
1115년 여진족, 금나라 건국
1125년 금나라, 요나라를 멸망시킴
1127년 북송 멸망, 남송 건국
1152년 신성 로마 제국 황제 프리드리히
         1세 즉위
1206년 칭기즈 칸, 몽골 제국 건국
1215년 영국, 대헌장 제정
1241년 신성 로마 제국, 한자 동맹 맺음
1243년 킵차크 한국 건국
1271년 원나라 건국
1279년 쿠빌라이 칸, 중국 통일
1299년 오스만 튀르크 제국 건국
1302년 프랑스, 삼부회 성립
1309년 아비뇽 유수
1337년 백 년 전쟁 시작
1368년 중국, 명나라 건국
1375년 르네상스 시작
1391년 티무르, 콘스탄티노플 점령
1429년 잔 다르크, 영국군 무찌름

1440년 잉카 제국 성립
1450년 구텐베르크, 활판 인쇄술 발명
1453년 비잔틴 제국 멸망
1460년 마야 제국 멸망
1480년 에스파냐 왕국 성립
1492년 콜럼버스, 신대륙 발견
1517년 루터, 종교 개혁
1519년 마젤란, 세계 일주 시작
1536년 칼뱅, 종교 개혁
1543년 코페르니쿠스, 지동설 주장
1588년 영국, 에스파냐의 무적함대 격파
1600년 영국, 동인도 회사 설립
1616년 중국, 청나라 건국
1628년 영국 의회, 권리 청원 제출
1642년 청교도 혁명
1688년 명예혁명
1765년 와트, 증기 기관 완성
1776년 미국, 독립 선언
1789년 프랑스 대혁명, 인권 선언
1804년 나폴레옹, 황제 즉위
1806년 신성 로마 제국 멸망
1830년 프랑스, 7월 혁명
1840년 아편 전쟁 시작
1848년 프랑스, 2월 혁명
1861년 미국, 남북 전쟁
1863년 링컨, 노예 해방 선언
1868년 일본, 메이지 유신
1882년 이탈리아, 독일, 오스트리아의 삼국 동맹 체결
1885년 청·일, 톈진 조약 체결
1894년 청·일 전쟁 시작
1904년 러·일 전쟁
1905년 러시아, 피의 일요일
1907년 영국, 프랑스, 러시아의 삼국 협상 체결

1912년 중화민국 성립
1914년 제1차 세계 대전 발발
1917년 러시아, 사회주의 혁명
1918년 미국 윌슨, 14개조 평화 원칙 발표
1919년 베르사유 조약
1920년 국제 연맹 창립
1921년 중국, 공산당 성립
1922년 소비에트 사회주의 공화국 연방(소련) 성립
1929년 세계 경제 대공황
1933년 독일, 나치스 정권 수립
1937년 중·일 전쟁
1939년 제2차 세계 대전 발발
1945년 포츠담 선언, 얄타 회담, 독·일 항복
1946년 파리 평화 회의
1949년 중화 인민 공화국 성립
1955년 바르샤바 조약 기구 수립
1960년 아프리카 17개국 독립
1961년 베트남 전쟁 발발
1969년 아폴로 11호, 달 착륙
1979년 소련, 아프가니스탄 침공
1980년 이란·이라크 전쟁
1986년 소련, 체르노빌 원전 사고
1990년 독일 통일
1991년 소비에트 사회주의 공화국 연방(소련) 해체
1993년 유럽 연합(EU) 출범
1995년 세계 무역 기구(WTO) 출범
1997년 영국, 중국에 홍콩 반환
1999년 유로화 출범
2001년 미국, 세계 무역 센터 테러
2003년 이라크 전쟁
2009년 오바마, 미국 최초 흑인 대통령 취임

종횡무진 동서양 역사 속을 달리는
세계사 버스

초판 1쇄 발행 2021년 9월 15일
초판 2쇄 발행 2022년 6월 15일

글쓴이 | 이석희
그린이 | 홍수진
펴낸이 | 이혜경

펴낸곳 | 니케북스
출판등록 2014. 04. 7 | 제 300-2014-102호
주소 | 서울시 종로구 새문안로 92 광화문 오피시아 1717호
전화 | (02)735-9515 | **팩스** | (02)6499-9518
전자우편 | nikebooks@naver.com
블로그 | nikebooks.co.kr
페이스북 | www.facebook.com/nikebooks
인스타그램 | www.instagram.com/nike_books

ⓒ 니케북스, 홍수진 2021

ISBN 978-89-98062-29-3 73900

니케주니어는 니케북스의 아동·청소년 브랜드입니다.

책값은 뒤표지에 있습니다.
잘못된 책은 구입한 서점에서 바꿔 드립니다.

어린이제품 안전특별법에 의한 표시사항
제조자명 니케북스 제조국 대한민국 사용연령 8~13세 제조년월 판권에 별도 표기
주소 서울시 종로구 새문안로 92 광화문 오피시아 1717호 연락처 02-735-9515
⚠ **주의사항** 책 모서리나 종이에 긁히거나 베이지 않게 조심하세요.